U0038994
9789575470340

藝術叢刊之八

李唐及其山水畫之研究

倪再沁著

文史哲出版社印行

藝術叢刊 ⑦

李唐及其山水畫之研究

著者：倪再沁

出版者：文史哲出版社
登記證字號：行政院新聞局局版臺業字〇七五五號
發行所：文史哲出版社
印刷者：文史哲出版社
台北市羅斯福路一段七十二巷四號
郵撥〇五一二八八一二彭正雄帳戶
電話：三五一一〇二八

實價新台幣二八〇元

中華民國八十年三月初版

R1007

版權所有・翻印必究

ISBN 957-547-034-6

「李唐及其山水畫之研究」提要

李唐名列南宋四大畫家之首，山水、人物、畜獸無一不精，由於身處南北宋過渡時期，他在中國畫史上一直被認爲是一個承先啓後的大畫家。八百多年來，李唐的聲譽和地位隨著時代的演進而逐漸昇高，有關他的記載可謂車載斗量，但是對於其山水畫風並無較客觀的評析。

由於李唐名下的山水畫蹟複雜多樣而且風格迥異，因此他的山水畫風就在畫評家的筆下成爲全能。近十數年來雖屢有學者撰文評介其山水畫，但均失於粗略，而不能對其山水畫風做明確的論斷。既然李唐在南北宋山水畫風之轉變中佔著極重要之地位，對於他的畫風、畫蹟之正確了解實是不容忽視的事。本乎此，筆者遂不揣淺陋，試圖對李唐做更進一步的研究；並希望在研究李唐的過程中，能對宋代山水畫有更進一步的了解。

本文除了提要之外，分成五章敍述，分別對李唐生平事蹟、生長背景、畫蹟及畫史地位有所分析。

第一章「李唐小傳研究」—本章分爲兩節，分別就畫史上所述李唐生卒年、任官、軼聞各方面加以介紹和討論，並修訂其中可能之錯誤，目的在對李唐之生平有較明確的認識。

第二章「李唐山水畫的時代背景」—李唐的有生之年正是李郭畫派勢力籠罩北宋的時代，及小景畫風籠罩下的南宋初期，如果我們不能先了解李郭畫風的發展，就難以明瞭李唐在兩宋是屬於怎樣的處境。故本章分爲三節，第一節先對宋初以來山水畫的發展作一簡介，第二節對北宋末山水畫形成的原因作一番討論，第三節則對南宋初山水畫的背景作一番解析，並敍述李唐在南宋初受到重視的因素。

第三章「李唐畫蹟之比較研究」—李唐傳世作品應是研究畫家風格的最重要依據，因此本文第三章便朝這個方向去努力，本章分爲七節，第一節先就畫史中的李唐風格作一番資料的排比整理，雖然整理出來的結論對李唐山水畫蹟的研究並沒太大的幫助，但對於李唐山水畫在畫史上的面目可有所了解。第二、三節分別敍述李唐「萬壑松風圖」和「江山小景圖」，這兩幅畫今藏國立故宮博物院，是曾經筆者目睹且以放大鏡做過詳細觀察的，故此兩幅亦是本章討論的重心。第四節則就上述兩幅畫之異同做一比較並分析其異同。第五節則就「日本高桐院兩幅山水軸」做一番研究，因爲在今天，認爲這兩幅畫是李唐傳世最可靠的作品的人爲數不少，而這兩幅畫筆者並未寓目，僅就圖片資料分析，並將圖片分製成幻燈片做細部的觀察，以求審愼，最後斷定此兩幅山水非李唐所畫，至於是否接近事實，還有待來日之目驗。第六節則就上述三幅畫做一比較分析，第七節所討論的畫蹟，皆以今藏國立故宮博物院者爲主，是筆者認爲較不重要的李唐作品，僅用之爲輔證而已，至於其他海外公私藏品由於資料所限，僅略提及而已。

第四章「李唐在山水畫史中地位之分析」—史家對於李唐的評語，有助於我們了解李唐在山水畫史中的地位，是故，本章便依循着時間的先後，攢積了宋、元以來重要畫評家對李唐的評語，加上筆者的意見而組成了李唐在山水畫史地位之分析。

第五章「結語」。筆者就本文之撰寫態度、研究結果做一核對，並略做說明。然後，暫時結束本篇論文的探討，因爲這樣的探討只是一個開始，相信在本篇論文之後，仍有許多新的資料和見解將隨著時間和知識的增加，促使筆者對於本文所論再做修正和補充。

李唐及其山水畫之研究　目錄

第一章　李唐小傳研究

第一節　歷代畫史中的李唐

李唐在宋代畫史中具有極重要的地位，名列南宋四大畫家之首，但是在〈宋史〉中卻未見到有關他的傳記或文字，至於各種畫史之記載也都極爲簡略，所以我們對他的認識僅能從各種畫學論著中的片楮隻字窺知一二。而在這些有限的文字資料中，輾轉相互抄襲者當然不在少數。爲了減少以訛傳訛的謬誤，本章儘量採用宋元兩代的文獻，以其距北宋較近，所言當不致太離譜；至於明清諸畫學論者中亦多有論及李唐著，但爲了審愼起見，僅摘取較有價值之一、二篇做爲參考。爲便於本章之討論，玆將有關李唐之文獻中較重要者錄列於下：

(一)・北宋董逌〈廣川畫跋〉中李唐摹〈邢和璞悟房次律圖〉跋（成於一一〇三）【註一】

……崇寧二年，其孫完官于潞，子甫田方亩召畫人李唐摹爲別本以藏……。

(二)・宋代鄧椿〈畫繼〉（成於一一六七）【註二】

李唐、河陽人，亂離後至臨安，年已八十，光堯極喜其山水。

㈢．元代莊肅（畫繼補遺）（成於一二九八）【註三】

李唐，字晞古，河南人，宋徽宗補入畫院，高宗時在潛邸，唐嘗獲趨事。建炎南渡，中原擾攘，唐遂渡江如杭，夤緣得幸高宗，仍入畫院。山水人物最工，畫牛次之。余家舊有唐畫胡茄十八拍，高宗親書劉商辭，按拍留空絹，俾唐圖寫。亦嘗見高宗稱歎其畫晉文公復國圖，有以見高宗推愛唐畫也。

㈣．元代宋杞之（李唐伯夷叔齊采薇圖）跋（成於一三六二）【註四】

宋高宗南渡，萃天下精藝良工畫師者亦與焉，院畫之名，蓋始于此。自時厥後，凡應奉待詔所作，總目爲院畫，而李唐其首選也。唐河陽人，在宣靖間已着名，入院後乃遂盡變前人之學而學焉，世謂東都以上作者爲高古，良有以夫。余總角時，見鄉里七八十老人猶能道古語，謂唐初至杭，無所知者，貨楮畫以自給，日困甚。有中使識其筆曰：「待詔作也。」唐因投謁，中使奏聞。而唐之畫，杭人即貴之。唐嘗有詩曰：「雪裏煙村雨裏灘，爲之如易作之難，早知不入時人眼，多買胭脂畫牡丹。」可概見矣。至正壬寅，余獲此于沈恒氏，愛其雖變於古，而不遠于古，似去古詳而不弱于繁，且意在箴規，表夷齊不臣于周者，爲南渡降臣發也，嗚呼！深哉！昔米南宮嗜畫，病世無眞李成，乃擬無李論以去其惑。余他日見唐畫太多，率皆抱南宮之憾，而此畫者所謂吾無間然者也。因書顚末于左，且以告夫來者。是歲九月既望，鄉貢進士錢唐宋杞之記。

㈤・元代夏文彥〔圖繪寶鑑〕（成於一三六五）【註五】

李唐，字晞古，河陽三城人。徽宗朝曾補入畫院，建炎間太尉邵宏淵薦之，奉旨授成忠郎，畫院待詔，賜金帶，時年近八十。善畫人物山水，筆意不凡，尤工畫牛。高宗雅重之，嘗題長夏江寺卷云：「李唐可比唐李思訓。」

㈥・明代唐志契〔繪事微言〕【註六】

馬醉狂述唐世說云：政和中徽宗立畫博士院，每召名工，必摘唐人詩句試之。嘗以「竹鎖橋邊賣酒家」爲題，衆皆向酒家上着功夫，惟李唐但于橋頭竹外挂一酒帘，上喜其得鎖字意。

第二節　李唐小傳的研究

關於李唐的生平事蹟，偶可見之於明清之各種畫學論着中。至近數十年來，各種畫史專着中論列著較多，考其所本，大抵由〔唐宋畫家人名辭典〕【註七】及〔宋元明清書畫家年表〕

【註八】而出。茲將二書中所記之李唐生平錄列於后：

㈠・〈唐宋畫家人名辭典〉：

李唐，字晞古，河陽三城（河南孟縣）人，徽宗時畫院待詔，山水、人物、樹林、梅竹、禽獸、界畫無一不工。宋南渡時，這位八十高齡的老畫師，不願看到故國河山的淪陷，就跋涉千里來到南宋的都城臨安（杭州）。他初到時賣畫維持生活，無人賞識，十分窮困，於是做了一首詩說：「雪裏煙村雨裏灘，爲之如易作之難，早知不入時人眼，多買胭脂畫牡丹」。這是因爲南宋小朝廷要粉飾中興，一時流行「富麗堂皇」的花卉畫所引起老畫師的感慨。後來他被太尉邵宏淵推薦重入畫院爲待詔，並賜金帶。

㈡・〈宋元明清書畫家年表〉：

一〇四九，皇祐元年，李唐（晞古）生。

一一〇一，建中靖國元年，李唐此頃補入畫院。

一一〇三，崇寧二年，李唐畫邢和璞圖。

一一二四，宣和六年，李唐作萬壑松風圖。

一一二七，建炎元年，李唐此頃至臨安，復職畫院待詔，授成忠郎，賜金帶。時年近八十。

一一二八，建炎二年，李唐作秋江待渡圖。

一一三〇，建炎四年，李唐卒。

以上所述之李唐生平，搜羅了〈圖繪寶鑑〉、〈南宋院畫錄〉等各類着錄及題跋，可謂巨細靡遺。但其中仍有數處需要詳加說明及商榷者，茲糾舛並討論如下：

一、李唐之生卒年已無可考

李唐的生卒年，畫史上並沒有記載，事實上是無法考證出確切的年代。而現今有關畫學之論文所標示李唐之生年卻各有不同，卒年則較爲一致。大致可分爲三類：

甲、日本及台灣—李唐生於皇祐元年（一〇四九～一一三〇年）【註九】。

乙、部分中共的論文—李唐生於仁宗慶曆八年（一〇四八～一一三〇）。

丙、美國的論文—李唐生於仁宗皇祐二年（一〇五〇～一一三〇）。

前述三類只是大致的情況，當然也有少數例外的【註一〇】。由於這些畫學論着只有少數是專門研究李唐的，所以其中所引的李唐生卒年究竟是根據什麼資料而定的，就不得而知了。而就歷代畫史來說，略涉及李唐生年的畫史只有二書〈畫繼〉（一一六七）和〈圖繪寶鑑〉（一三六五）。

雖然這兩本書並沒有明確的說出李唐的生年，但我們可以從畫繼的「亂離後至臨安，年已八十」，和圖繪寶鑑的「建炎間，太尉邵淵薦之，……時年近八十」往回推算。假設李唐是建炎初年至臨安而時年正八十，按照中國傳統習慣的計年法【註十一】，李唐應該是生於仁宗皇祐元年（一〇四九）。但是「年已八十」可能已經超過八十歲，則李唐可能生於一〇四八年以前；而「年近八十」可能不到八十歲，則李唐可能生於一〇四九或一〇五〇年以後。此外，「離亂後至臨安」和「建炎間」，可能是建炎初年、二年，甚至建炎三年【註一二】。上述這些疑點都是無法確定李唐生年的因素。如果要推算比較眞確的李唐生年，筆者以爲李唐生於慶曆八年（一〇四八）的說法要比另外兩種說法較爲可信。因爲〈畫繼〉（成於一一六七）的作者鄧椿與李唐屬於同一時期的人物，所述應該比較正確；而且「年已八十」的「已」字具有強調的意味，在語氣上比「年近八十」的「近」字要肯定而明確。而李唐於靖康年間卽南渡【註一三】，極可能在建炎初年已至臨安。因此，李唐在建炎初年（一一二七）年已八十，大約生於仁宗慶曆八年（一〇四八）是比較合理的。

幾乎所有的畫學論着都以高宗建炎四年（一一三〇）定爲李唐之卒年【註一四】，這是引用〈宋元明淸書畫家年表〉的說法，而此書所述李唐卒年又是引自〈縮本唐宋元明名畫大觀〉，但是〈名畫大觀〉却未註明其來所自。其實歷代畫史論着中均無記載李唐卒年者，雖然關於李唐的記載都止於建炎年間，但這並不能表示李唐只活到建炎年間；即使李唐只活到建炎年間，也不一定是卒於建炎之末（一一三〇）。因此李唐卒年是不可考的。不知〈縮本唐宋元明名畫大觀〉的編者有何依據，或者只是憑推測來斷定李唐卒年，就不得而知了。

二、李唐在北宋時的地位

李唐在北宋末年雖已年近八十，畫藝也達到他個人風格之顛峯時期，但是却沒有得到當世應有的重視。當時，比他年幼或同時的李公麟（一〇四九～一一〇六）和米芾（一〇五一～一一〇七）均早已成名，而李唐之名僅在一則宋人題跋中被提及—這是最早，也是北宋僅有記載李唐名字的史料——見於董逌的〈廣川畫跋〉中李唐〈摹邢和璞悟房次律圖跋〉。【註一五】

董逌，字彥遠，東平人，政和中官徽猷閣待制【註一六】，宣和中與黃伯思均以考據鑑賞擅名【註一七】。董氏書此跋時爲崇寧二年（一一〇三），在如此長的跋文中僅無足輕重的提到李唐一句。依董氏的記載……

「……此畫深觀其隱，而能得其趣，非常工所能知也，……召畫人李唐摹爲別本以藏。」【註一八】

據此可知，李唐在當時大概是一位畫得不錯的老畫家（時約已五十六歲）。文中「召畫人」一詞可以想見當時士族的優越感和畫家的眞正社會地位，而「摹爲別本」一詞亦可見繪畫在當時士人心目中僅被視爲工藝賤業。李唐只是被召來摹仿另一幅圖畫而已，可見其地位只屬於匠人而已，無怪乎在當時士人的詩文、題跋中再也找不出有關李唐的記載。明代張丑在其〔銘心籍〕詩中就曾感慨的說：

「睎古丹青得正傳，晉文歸國寫前賢，院人雅有昂霄志，何事聲名次大年。」【註一九】

雖然趙大年比李唐年幼，但出身士族，交遊廣闊，〔廣川畫跋〕和〔山谷題跋〕中均對他多所稱道。這在當時，李唐是難以與之相題並論的。而李唐又不屬於文同、蘇軾、黃山谷、李公麟等文人藝術家集團，他之不受重視也就不足爲奇了。此外，〔宣和畫譜〕完成於宣和二年（一一二〇），時李唐年約七十三，宣和內府未收李唐畫，畫譜亦無其名，而與李唐同時之畫家則有多人已名列〔宣和畫譜〕，可見李唐在北宋末絕不着名。所以清初張英在其〔存誠堂集〕裏，因李唐之境遇而有「畫譜宣和才誤却」之嘆。【註二十】

三、李唐非徽宗朝畫院待詔

〔唐宋畫家人名辭典〕稱李唐爲宋徽宗時畫院待詔是引自〔圖繪寶鑑〕。其實〔圖繪寶鑑〕並沒有如此記載。最早記載李唐爲北宋畫院待詔的史科，見於元代宋杞之在〔伯夷叔齊采薇圖跋〕中所說的：「有中使識其筆，曰待詔作也。」另外記載李唐曾入徽宗畫院較重要的史料有：

畫繼補遺：「宋徽宗曾補入畫院。」

圖繪寶鑑：「徽宗朝曾補入畫院。」

繪事微言：「惟李唐但于橋頭外掛一酒帘，上喜其得鎖字意。」

〔畫繼補遺〕和〔圖繪寶鑑〕的記載都是「曾補入畫院」，這樣的記載在畫史上並不多見。因此，試就「曾補入畫院」之「曾」、「補」二字推敲一番。

首先，考此「曾」字。「曾」表示曾經，曾經補入畫院表示李唐並沒有一直任職於畫院；而且「曾」字非習慣性辭語，如果一直任職於畫院，就沒有必要用這個字。因此，李唐只是一度任職於畫院。考諸畫史，畫院中人亦有因故而離職者。如太宗時圖畫院祇候李雄因忤旨而遁去【註二一】，仁宗朝祇候陳用志因不滿應詔作品之題材內容，乃私遁而去【註二二】，徽宗朝畫入宣亭因另有高就而離開畫院【註二三】等。如果李唐貴爲畫院待詔，因故而離開畫院，畫史必定有所記載。如今畫史只載「曾補入畫院」，可見李唐在宋徽宗時不一定是畫院待詔，可能只是畫院中一般的官職，如祇候一類。

其次，考察「補」字。「補」字在此有特殊意義，當補試解。蓋宋代外舍考試，一向稱爲補試，因限於經費、預算及校舍等條件，學校人數係依實際需要來決定名額，非遇空缺不能遞補，故名之補試。而畫學之補試亦如太學，分外舍、內舍、上舍三級，循序而進。而李唐的「補入」畫院有可能就是指補試，經補試而入畫院。

宋代俞成在其〈螢雪叢書〉中有云：

「徽宗政和中（一一一一～一一一七）建設畫學，用太學法補試四方畫工，以古人詩句命題，不知掄選幾許人也。嘗試竹鎖橋邊賣酒家，人皆可以形容，無不向酒家上着功夫，惟魁者但於橋頭外挂一酒帘，上喜其得鎖字意。」【註二四】

此書並未記載奪魁者爲何人？但明代唐志契在其〈繪事微言〉中記載「馬醉狂述唐世說云」【註二五】，稱此次奪魁者即李唐。馬醉狂不知何許人也？〈唐世說〉亦僅知又名〈大唐新語〉，係唐人劉肅所撰，馬醉狂講述唐世說時何以能知李唐奪魁一事？亦或唐世說別有所指，已不可考。因此，李唐是否因參加畫院考試而奪魁一說實不無疑問。

宋代畫學之補試亦如太學，由外舍先行，外舍績優升內舍，內舍績優升上舍，上舍績優經過考核以後才能任官。據畫史所載，徽宗時因參加畫學考試而入畫院者有陳堯臣、趙宣、戰德淳、王道亨等【註二六】，除陳堯臣因登科而爲畫學正外，其餘諸人皆官職不詳。其實畫學正僅是畫學生中等級最高者，還不能算是正式官職【註二七】。因此，即使唐志契〈繪事微言〉所述李唐參加畫學考試奪魁一說是眞的，也只限於相當畫學正的地位，離最高的官職待詔實有很大的距離。再者，政和中，李唐已六十餘歲，會不會去參加畫學考試也令人懷疑。

另外，「補」字較世俗的解釋為填補，補入卽補上【註二八】，卽遞補缺額。在北宋，尤其是徽宗未興畫學以前，畫院中職官畫工之取才任用有幾種較為普遍的方式：

甲：由皇親貴戚或朝官之推薦而入畫院。如燕文貴曾因董彼劉都知之奏而補圖畫院祇候【註二九】，王道眞因高文進之薦引，授圖畫院祇候【註三十】，以及高益因孫四皓之薦而入院【註三一】等，皆因朝官貴戚之推薦而得官。然而徽宗興立畫學之後，這種由薦引而得官的情形就很少有了。若李唐是經由這種方式進入畫院，而又官至待詔，畫史對這種事一向記載的很詳細，尤其對引薦者更不會不加以敍述。今於李唐僅述「補入畫院」，不載官職，卽令李唐因貴人推薦而入院，也不會是如待詔般的高官。

乙：宋代常有一些身懷絕技的畫工，或為揚名取譽、或為求取一官半職，時有進旨呈畫之事，而往往也能如願以償。如蔡潤因畫舟車圖進上，上方知其名，遂補畫院之職【註三二】；又如張希顏，大觀初累進畫花，得旨補畫學諭【註三三】。畫學諭其實和畫學生同等級，只是地位較高而已。李唐若也是經由自薦而入畫院的話，當只限於畫學諭；否則，畫史上當不致毫無記載。

丙：北宋皇室每營建樓觀宮殿等建築時，必繪圖飾於庭壁之上，故需徵募四方畫工競藝。每建一宮往往召畫工數百人至數千人，不少名家均由此穎脫而出，獲選而入畫院補入各級職官。例如武宗元與王拙均於景德末年營建玉淸昭應宮時，因畫藝出衆而獲選爲左右部長【註三四】，而勾龍爽、葛守昌之爲祇候，崔白之補爲藝學等【註三五】不勝枚舉。由此可見，北宋畫院名家常出於此。而徽宗於宣和年間卽修建了龍德宮、五嶽觀、寶眞宮與寶籙宮等，李唐於此時補入畫院是極可能的。但絕不致官至待詔，因葛守昌、崔白等爲藝學或祇候均載明官職，而李唐僅載「曾補入畫院」，因此他也不致官至藝學或祇候，很可能只是畫院中的普遍畫工。

根據〈圖畫見聞誌〉、〈圖繪寶鑑〉等畫史所載北宋畫家之任官，只有少數有言「補」字，如張希顏、崔白、燕文貴、趙長元等，但亦大多言明官職，或祇候，或藝學、畫學諭等。而李唐只有入畫院之記載而無官職，可能是比畫學生，畫學諭還低的職位，故不值一提；或者是當時史料不完備而沒有記錄傳世，但此種情形亦屬官職甚低或沒沒無聞的畫家。

考諸畫史，李唐並沒有在徽宗朝任畫院待詔的記載；根據前述分析，李唐亦不可能官至待詔，而只是一度在畫院工作過。雖然元代宋杞之在〈采薇圖〉跋中有「待詔作也」一詞，但此跋距李唐卒年已兩百多年，所述又是引自鄉里老者口傳，實有臆測、美化之嫌。而後人不察，以訛傳訛，遂有李唐在宋徽宗時已貴爲待詔之謬誤。

四、李唐與宋高宗

如果沒有宋高宗的提拔和賞識，李唐也許終其一生都將沒沒無聞。李唐和高宗之間的關係最早可溯至宣和年間，據〈畫繼補遺〉記載：

「……高宗時在潛邸，唐嘗獲趨事……」。

因此，據〈宋史〉高宗本紀記載，高宗於宣和三年十二月壬子晉封爲康王，宣和四年始冠。因此，李唐入康王府是宣和三年十二月以後的事，時高宗不過二十歲，李唐已七十多歲了，時爲北宋末年，許多王室貴戚多仿古代養士之風，經常召募畫家至府邸，以備授藝習畫並藉示風流儒雅。李唐之入康王府，不論是入府呈畫，奉召寫眞或傳授畫藝，一定是他的畫風爲康王所賞識，才得以入康王府供職。而很可能就因爲他和高宗有過這種舊屬的關係，南渡以後才得以重入畫院，受到高宗特別的禮遇。

「……唐遂渡江如杭，夤緣得幸高宗，仍入畫院。」(畫繼補遺)

「建炎間，太尉邵宏淵薦之，奉旨授成忠郎，畫院待詔，賜金帶……。」(圖繪寶鑑)

「有中使識其筆曰：『待詔作也。』唐因投謁，中使奏聞。」(宋杞之采薇圖跋)

根據上述記載，可知李唐南渡後，所謂夤緣得幸高宗，可能就是經由太尉邵宏淵之薦引。邵宏淵乃南宋初名武將，曾因韓世忠之薦而授閤門舍人【註三六】，但不曾官至太尉，在宋史中僅略爲提及而已，可見〈圖繪寶鑑〉的記載不是很正確。邵宏淵早年的事蹟已無可得知，但很可能和李唐是舊識，或曾同在康王府供職。無論如何，李唐重入畫院，雖經邵宏淵或他人之薦引，但並沒有什麼重要的關係；其能入高宗朝畫院，主要還是因為他和高宗是舊識，畫風又為高宗所賞識。李唐的畫極為高宗所喜愛，此可見於多項畫史之記載，如

「光堯極喜其山水。」（畫繼）

「余家舊有唐畫「胡茄十八拍」，高宗親書劉商辭，按拍留空絹，俾唐圖寫。亦嘗見高宗稱歎其畫「晉文公復國圖」，有以見高宗推愛唐畫也。」（畫繼補遺）

「晉文公復國圖，上卷乃思陵御題。」（志雅堂雜鈔）【註三七】

「高宗推重之，……云李唐可比唐李思訓。」（圖繪寶鑑）

高宗除了賞識李唐的畫，還授李唐為承忠郎、賜金帶，且為畫院待詔。考諸畫史，建炎年間，原北宋時畫家於南渡後入高宗畫院為待詔者，僅李唐一人。其餘畫院畫家，如劉宗古、李端等畫院待詔及李迪、李安忠、蘇漢臣等畫院中人均於紹興年間才復職於畫院，建炎年間，國家根本未曾安定過，直到一一四一年宋金議和後才安定，高宗畫院也應該在紹興才建立的。李唐能獲高宗喜愛是在建炎年間。可見李唐當時眞是寵幸有加了。明董其昌題李唐「雪江圖」，畫雖不眞，所題卻好。題云：

「李晞古雪江圖，乍披之似唐人筆，宋思陵所謂李唐畫不減李思訓也。」【註三八】

高宗將李唐比之李思訓，對李唐可謂倍極推崇矣，而南宋畫家之崇尚李唐，亦當是高宗之影響。

五、李唐之事蹟與聲譽

關於李唐之生平事蹟，在元以後才有較多詳細的記載，其中有些軼聞尤爲畫家和鑑賞家們所津津樂道，這和他的名望在元、明之際節節升高大有關係。

首先是有關李唐曾參加畫學考試奪魁一說，試題是「竹鎖橋邊賣酒家」，此說前已詳述，不再贅言。

再來就是靖康之難後，宋室南渡，時蕭照在太行山爲盜，一日刼到李唐，後來拜李唐爲師，蕭照遂盡其傳，後亦爲南宋山水畫大師之一。據〈圖繪寶鑑〉記載：

蕭照，獲澤人，頗知書，亦善畫，靖康中流入太行爲盜，一日掠至李唐，檢其行囊，不過粉奩畫筆而已。叩知其姓氏，照雅聞唐名，即辭賊南渡，得以親炙，唐感其生全之恩，盡以所能授之。紹興中補迪功郎，畫院待詔，賜金帶……。【註三九】

這段敍述實在是畫史上的千古佳話，想不到李唐的畫筆除了能奪造化之外，又在緊要關頭助他化險爲夷，並使以擄掠爲業的蕭照改邪歸正，成爲一代大師。這不僅是畫史美談，簡直是畫史上的奇蹟。因此，後人論此，往往加以美化。如謂北宋覆亡，畫院爲之風流雲散，李唐亦流離失所。後高宗卽位臨安，李唐因不願受異族統治，乃跋涉千里，間關南下，於途中遇盜賊蕭照……。凡此敍述，美則美矣，但似乎太過美化了。按李唐若由京師南下，應該不會在途中遇到在太行山爲盜的蕭照才對，若由孟縣南下（李唐是河南孟縣人），太行山南端雖入孟縣境，但李唐係南行，途中遇蕭照之機會也並不大，因而這段記載可能也經過一番潤飾。

李唐素爲畫史所稱頌的另一事蹟，是根據元代宋杞之所載，謂李唐於南渡後至臨安（杭州），初到之際，人地生疏，杭人不知其名，此時他鬻畫爲生，而賣的非時人所喜好的花鳥畫，因此境況十分困窘。傷心感嘆之餘，他作了一首詩：

「雪裏煙村雨裏灘，爲之如易做之難，早知不入時人眼，多買胭脂牡丹。」【註四十】

關於李唐這首詩，筆者以爲其眞實性値得懷疑，原因如下：

甲：「雪裏煙村雨裏灘」這樣的風格和李唐早期「萬壑松風圖」般堅實畫風不類，和他後來「江山小景圖」般的小青綠山水畫風亦不相同。這樣的描述用在馬遠、夏珪的小幅山水畫倒很合適，用於李唐，則語意太過空泛，且與李唐的風格不類。

乙：「早知不入時人眼，多買胭脂畫牡丹。」按南宋初期最盛行的仍是小青綠山水畫，而非花鳥。建炎年間，正是敵愾同仇時期，流行的是歷史故實及諷諫畫，絕不是花鳥畫。據畫史所記，高宗朝擅畫花鳥者僅有李迪、李端、李安忠父子四、五人而已，但皆爲紹興畫院畫家，而擅山水者遠勝於此數。所以這段記載並不確實，而且也沒有任何史料或畫蹟足以證明當時盛行畫牡丹花。

丙：李唐應不擅作詩。北宋文人的文章中從未提到過李唐，李唐應只是普通畫工出身，所以才沒有機會和文人交往，而這也是他在北宋之所以沒沒無聞的原因之一。

從詩的本身及李唐的背景來看，這首詩不該是李唐所作。宋杞之謂此詩是他早年聽鄉里七、八十歲的老者所述，一個畫院畫師所做的尋常詩歌，眞能傳頌如此久遠嗎？此傳聞之可靠性頗值得懷疑，想係好事者附會之作，後人以訛傳訛，遂以爲眞。尤其宋氏去李唐已兩百多年，而且「采薇圖」並不是絕對可靠的眞蹟。因此，李唐是否寫過這麼一首詩是令人懷疑的。

李唐似乎是一位深具愛國情操的老畫家，這對他在畫史上的聲譽有很大的影響。後世論李唐每每讚其愛國之憂思，這是因爲李唐有許多作品的題材都是表達這一類的歷史事蹟。蓋自靖康之難後，宋室南渡，只求苟安，君臣縱情逸樂，而無復國雪恥之憂思。此種情形正如平顯於其「松雨軒集」所云：

「南渡君臣忘雪恥，西湖歌舞願春遲，誰憐汴水多秋色，山鳥呼風鼬鼠肥。」【註四一】

而李唐於此時此地藉著歷史故事畫了許多表達愛國情操的著名佳作，尤為後人所樂道。從作品的數量及成就來說，李唐確是此類題材中之佼佼者。

「晉文公復國圖」、「伯夷叔齊采薇圖」、「袁安臥遊圖」、「渭水招賢圖」以及「文姬歸漢圖」等均為此類題材之傑作，尤以「晉文公復國圖」、「伯夷叔齊采薇圖」最為著名。後世對李唐憂國憂時之赤胆忠心，多所褒揚，如：

「晞古丹青得正傳，晉文歸國寫前賢，院人雅有昴霄志，何事聲名次大年。」【註四二】

「意在箴規，表夷、齊之不臣于周者，為南渡降臣發也，嗚呼！深哉！」【註四三】

「顧李唐以下，如晉文公復國圖、觀瀑圖之類，託意規諷，不一而足，庶幾合於古畫史之遺，不得與一切應奉好玩等。」【註四四】

凡此類表彰李唐之文辭極多，多稱歎李唐眼見朝野耽於逸樂，於憤懣憂憤之餘，乃藉古代之賢君忠臣，烈女名將諷諫當朝之君臣，其忠君愛國之苦心殊為可敬可佩，故為後人稱頌不已。

綜觀歷來畫史所載，李唐應試畫院奪魁，又在南渡時收盜匪蕭照為學生，復因遭時不遇有感而賦詩一首，再加上他那愛國憂國的形像，他的事蹟遂為美術史家所樂道，他的名聲也因而越傳越廣，地位也愈來愈高。

註釋

註一：見北宋董逌撰〈廣川畫跋〉，文收〈美術叢刊〉第三輯，中華叢書編審委員會，卷二，第八一頁。

註二：見宗人鄧椿撰〈畫繼〉，文收〈畫史叢書〉第一冊，文史哲出版社，卷六，第五〇頁。

註三：見清人厲鶚撰〈南宋院畫錄〉，文收〈畫史叢書〉第三冊，文史哲出版社，卷二，第七頁。按〈畫繼補遺〉係元初莊肅撰，乾隆五十四年黃錫藩曾據舊鈔本刊印，但甚少流傳；近年已有重印本流傳海外，惟國內尚無，僅〈南宋院畫錄〉中偶錄一二。

註四：見厲鶚撰〈南宋院畫錄〉，文收〈畫史叢書〉第三冊，文史哲出版社，卷二，第二一頁。

註五：見元人夏文彥撰〈圖繪寶鑑〉，文收〈美術叢刊〉第二輯，中華叢書編審委員會，卷四，第一三七頁。

註六：見明人唐志契撰〈繪事微言〉，文收〈美術叢書〉五集第八輯，藝文印書館，卷下，第一五八、一五九頁。

註七：見〈唐宋畫家人名辭典〉，新文豐出版社，第一一四～一一六頁。

註八：見〔宋元明清書畫家年表〕，文史哲出版社，第一八、三二、三三、三八、三九、四〇頁。

註九：各種畫學論著所錄李唐生於一〇四九的記載，多係根據〔宋元明清書畫家年表〕的記載。

註一〇：台灣新亞出版社之高準着〔中國繪畫史導論〕中，註李唐生卒年爲一〇五〇～一一三〇；而美國亦有註爲一〇四九～一一三〇者，如ELLENT LAING之「李唐小傳」等。

註一一：中國習俗慣以出生即一歲計算，亦即虛歲。

註一二：〔石渠寶笈續篇〕載李唐「秋江待渡圖」，上有李唐建炎二年之名款，經查證此圖係僞作，故不足爲憑。

註一三：同註五，第一三九頁，見蕭照條。

註一四：傅抱石着〔中國美術史年表〕中沒記載李唐之生卒年，另陳英德之「〔宋山水畫〕論文中有李唐（一〇四八～一一二八）之錄。

註一六：見余紹宋編〔書畫書錄解題〕上冊，台灣中華書局，卷五，第五頁。

註一七：同註一六。

註一八：同註一。
註一九：同註四，第九頁。
註二〇：同註四，第二四、三五頁。
註二一：見〔佩文齋畫譜〕第二冊，新興書局，第一〇七四頁李雄條；及宋人郭若虛撰〔圖書見聞誌〕，文史哲出版社，卷三，第四二頁李雄條。
註二二：同註二十，〔佩文齋書畫譜〕第一〇八一頁陳用志條，及〔圖畫見聞誌〕第四四頁陳用志條。
註二三：同註二，第五三頁，見宣亨條。
註二四：見〔佩文齋書畫譜〕第一冊，新興書局，第三三〇頁。
註二五：同註六。
註二六：同註二三，第二冊，第一一〇九頁，見陳堯臣條；同註五，卷三，第八八頁，見趙宣條；同註二，第五〇頁，見戰德淳條。
註二七：見〔國朝院畫錄〕，文收〔畫史叢書〕第三冊，文史哲出版社，第二頁。
註二八：見〔中文大辭典〕第三十冊，中國文化研究所，第二〇七頁。
註二九：見宋人郭若虛撰〔圖畫見聞誌〕，文收〔畫史叢書〕第一冊，文史哲出版社，卷四，

第五二頁燕貴條。

註三〇：同註二八，卷三，第四三頁，見王道眞條。

註三一：同註二八，卷三，第三九頁，見高益條。

註三二：同註二八，卷四，第六五頁，見蔡潤條。

註三三：同註二．第五一頁。

註三四：同註二三，第二冊，第一〇七六頁武宗元條，及一〇七七頁王拙條。

註三五：見〔宣和畫譜〕，文收〔畫史叢書〕第一冊，文史哲出版社，卷十八，第二三三頁，葛守昌條；同註二三，第二冊，第一〇八五頁，見勾龍爽條；同註二八，第六〇頁，見崔白條。

註三六：同註二七，第三三冊，第二八七頁；另見陳邦瞻撰〔宋史紀事本末〕下冊，三民書局，七七卷，第一四四～一四五頁。

註三七：同註四，第八頁。

註三八：見〔故宮書畫錄〕卷五，第六八頁。

註三九：同註十三。

註四〇：同註四。

註四一：同註四，第二九頁，見李廸條。
註四二：同註四，第九頁。
註四三：同註四。
註四四：見〔南宋院畫錄〕序，第七頁。

第二章　李唐山水畫的時代背景

第一節　宋初以來山水畫的發展

北宋末，由於宋徽宗之精於繪畫，大興畫院，極力提倡繪事，使得這一時期成爲中國繪畫發展史上的黃金時期。關於此一時期的山水畫的發展，有兩個最基本的因素必須重視：

㈠·宋徽宗本人和他週圍的重要人物，以及許多客觀因素（社會變遷、經濟環境等）都對此一時期的山水畫發展有著決定性的影響。

㈡·此一時期的山水畫仍然承受著北宋以來山水畫發展的影響。因爲繪畫風格的演變應當是漸進的，所以它不可能在某一特定時間中獨立出來的。

關於北宋的山水畫發展，代表宋初三個不同地方風格的董源、李成、范寬可作爲這些風格的代表。雖然繪畫風格之形成是很複雜的，亦絕非幾位大家所能創造或左右的；但是因爲這些大家的造詣和地位足以爲這些風格之表徵，且爲說明時之方便起見，所以在本文中尙學宋廸、趙大年等爲例，其所代表的意義是相同的。

一、李郭畫風的發展

李成在中國藝術史上是個重要的關鍵人物，雖然今天爲世所公認的李成作品幾乎沒有，但是他的畫風無疑地影響着北宋山水畫的發展。李成生長於現在的山東昌樂縣東南一帶，對於北方氣候特色——霜、霧、雲、氣——和地理特徵——一望無際的黃淮平原和起伏和緩的山東丘陵——當有特別的感受，這是他之所以對大自然中形象和意境的捕捉有獨到之處的原因。劉道醇的〈聖朝名畫評〉極稱讚其繪藝，評曰：

「精通造化，筆盡意在掃千里於咫尺，寫萬趣於指下。」

又曰：

「咫尺之間奪千里之趣。」【註一】

郭若虛亦稱其「毫鋒穎脫、墨法精微。」【註二】費樞則以「惜墨如金」【註三】形容其墨法。綜合各家所評，李成應當是以一種極精練、凝聚的筆墨來畫平原、丘陵中的平野煙林。爲了達到平野煙林中蕭疏、遼闊的大氣景象，墨色濃淡變化和筆的運用固然重要，更重要的是李成喜用「平遠」的構圖，就是將立足點置於平地，而後仰視，平視，使「咫尺千里」的空間感和「煙雲變滅」的氣氛益形突出。這就是李成畫風的最大特色。

李成在北宋時所受到的推崇是史無前例的。劉道醇的〈聖朝名畫評〉將他的畫列爲「神品」【註四】，〈宣和畫譜〉更推崇他爲「古今第一」【註五】，他的畫譽一直持續到北宋末，追隨摹倣其風格的更是比比皆是。郭熙的〈林泉高致〉說：

「今齊魯之士，唯摹營丘，……州州縣縣，人人作之。」【註六】

李成畫風之盛行由此可見。北宋一朝，師法李成者除郭熙外，較著名有許道寧、宋廸、翟院深、高克明、王詵、李宗成等，至於受李成畫風影響者，就更不可勝數了。

郭熙是神宗朝（一〇二三～一〇六三）畫院藝學，在畫史中常和李成並稱，史家們稱爲「李郭派」。郭熙的畫，流傳到今天的並不多，僅「早春圖」最爲可信。郭熙的理論，在〈林泉高致〉中，對於畫家應有的修養，作畫時經營的位置與用筆、用墨的技巧，都有精闢的見解。更重要的是，他認爲山水畫不應停留在自然景物的寫生階段，山水畫既應忠於自然景物，又須是「人情所常願而不得見也」【註七】，也就是說山水畫是要經過「理想化」的。但是，胸中山水、理想中的自然往往和現實世界是互相矛盾的。郭熙以「三遠法」來消除此種矛盾和不自然。他說：

「山有三遠：自山下而望山巓，謂之高遠；自山前而窺山後，謂之深遠；自近山而望遠山，謂之平遠。高遠之色清明，深遠之色重晦，平遠之色有明有晦。高遠之勢突兀，深遠之意重疊，平遠則冲融而縹縹渺渺。【註八】郭熙把仰視、俯視、平視極巧妙地運用在同一畫面上而不令人感到牽強不自然。他的「早春圖」已經把范寬和李成的形式很技巧地調和成一體，既表現了巨大的主山，也畫出了一望無際的平原和丘陵，讓觀者同時體會到崇高、深厚和遼闊幽遠。除了「三遠法」的運用，郭熙山水畫在技巧和風格上已達到完美的境界。以「早春圖」(見圖版一)爲例：

甲、善於運用筆墨。以山石而言，其墨色層次、變化萬端。李成的「毫鋒穎脫、墨法精微」，實無法更勝於此。

乙、精於造境與經營位置。郭熙曾言：「大山堂堂，爲衆山之主，貞松亭亭，爲衆木之表。」【註九】「早春圖」爲巨碑式的構圖，極其宏偉，郭熙復以源遠流長的泉水增加了山的厚度和深度；並以煙霞鎖其腰，增加距離和空間，將畫面襯脫得融洽而澹泊。

丙、注重表現大自然的不同季節及氣候變遷。他以樹木、冷泉、薄霧等完美的描繪，成功地表現出北方微寒澄明的空氣包圍下的自然景觀。題爲「早春」，頗爲貼切。

和郭熙大約同時的宋廸(一〇一二～一〇九〇)，亦師法李成【註十】。作品雖已不傳，但從〔宣和畫譜〕所記載他的畫來看，不外「晴巒」、「煙巒」、「遙山」、「瀟湘」等，這些畫題和郭熙的「晴巒」、「秀巒」、「遙峯」【註一一】等實屬相似。米芾曾評他「細秀」【註一二】。

〔宣和畫譜〕稱其「好作山水，或因攬物得意，或因寫物創意，而運思高妙，如騷人墨客，登高臨賦。」後人因其擅寫烟霧濛朧的瀟湘景緻，稱其所繪「八景」爲「瀟湘八景」。亦有稱其爲瀟湘派者。

許道寧亦和郭熙同時，喜作「寒林平遠」之圖【註一三】，「筆法蓋得於李成」【註一四】。其「高頭漁父圖」（見圖版二）既雄偉又幽深，亦可爲此一時期（北宋中期）的代表作之一。除宋廸、許道寧外，尚有燕肅「尤喜畫山水寒林」【註一五】，王安石還曾題其「瀟湘山水圖」【註一六】。稍晚的有李公年，「所布置者，甚有山水雲烟餘思。至於寫朝暮景趣，作長江日出，疏林晚照，眞落物象出沒於空曠有無之間，正合騷人詩客之賦詠。」【註一七】屬於李郭畫系者尙有李宗成、王詵、高克明等大家，他們都善畫類似疏林、平野、煙巒等充滿靈氣的瀟湘景觀。

李郭畫系發展到郭熙、許道寧、宋廸等時，亦即十一世紀中葉以後，可以發現當時的畫家共同具有的一項特質。亦即畫家們均已明確的意識到大氣濕度、明暗和氣氛的變化，而藉着水墨技法的進步，充分的表達出四季的遷移、自然景觀的光線變異和色彩變化。這是這個時代山水畫最特殊的共同發展。

我們可以說，山水畫所以發展成如此風格，乃是五代、宋初以來水墨技法的發展，以及畫家自然觀的改變等多種因素累積滙合的結果。這是這個時代、這個地域（黃淮平原、山東丘陵地區）必然的風格，而郭熙、宋廸等正是這個時代的代表人物，而李郭畫風也在此時達於顚峯狀態。

任何一個繪畫流派發展到後來，總會愈趨形式化，而缺乏生趣。久而久之，只能偏重某些特徵的捕捉，畫家們不再從大自然中實地去挖掘，自然容易造成矯揉造作的弊病。李郭畫系的發展亦復如此。尤其神宗喜愛郭熙畫，上至公卿大夫，下至草野平民，競向學習。至北宋末，李郭畫風已形成習氣，一般畫家不但缺乏郭熙那種統攝全局的能力（三遠法至此只存平遠），亦喪失了李成以來所着重之精練凝聚的筆墨；至於像郭熙，許道寧等莊嚴、雄偉的氣勢、質感更是蕩然無存。

二、范寬畫系的發展

范寬可以說是北宋山水畫家中，最能表達山石質感和氣勢的畫家，從現存「谿山行旅圖」（見圖版三）中即可得見。劉道醇的〔聖朝名畫評〕中於「山水林木」一門僅置神品二人，范寬與李成並列，評曰：

「范寬以山水知名，爲天下所重，眞石老樹挺生筆下，求其氣韻出於物表，而又不資華飾，在古無法，創意自我，功期造化……。」【註一八】

又曰：

「對景造意，不取繁飾，寫山眞骨，自成一家，故其剛古之勢，不犯前輩，由是與李成並行。宋有天下爲山水者惟中正與成稱絕，至今無及之者。時人議曰：『李成之筆，近視如千里之遠，范寬之筆，遠望不離坐外，皆所謂造乎神者也，然中正好畫冒雪出雲之勢，尤有骨氣。』」【註一九】

劉氏所評，證之於范寬「谿山行旅圖」是非常符合的。范寬山水眞是崇偉峻拔，形勢逼人，若論氣勢之雄偉，質感之撼人自在李郭、董巨之上。就連一向最好批評的米芾亦不得不稱讚他的山水，謂：

「范寬山水，嶪嶪如恒岱，遠山多正面，折落有勢。晚年用墨太多，土石不分。本朝自無人出其石……。」【註二〇】

論藝術上的造詣，范寬自能與董源、李成雁行；但若論其對北宋山水畫發展之影響，實不能與董、李二家相提並論。終北宋一朝，山水畫多以李成爲師，李成畫風幾乎籠罩了整個北宋；而董巨在北宋末有米芾等文人的推崇、提倡，亦多少影響了當時的繪畫。只有范寬畫系，似乎如水入沙磧般地逐漸消失了。當然，師法范寬風格者並非沒有，但是這些畫家中並沒有出現特別傑出者，而且他們也未能造成風氣。〔圖繪寶鑑〕是一部有聞必錄的畫史，所記載北宋師法范寬者只有九人，應當算是收羅完備的了。他們是，商訓、黃懷玉、紀貞、李元崇、甯濤、高洵、劉冀、劉堅、楊安道。（這與李成追隨者之衆多是不能相比的。）【註二二】何以范寬畫系不能蔚爲風氣？這當然有許多複雜的因素，其中較重要的是：

甲、地域性的因素。范寬卜居於終南、太華，地屬黃土高原上之秦嶺一帶。由於位居山多、地高、氣候乾旱的山岳地帶，缺乏一望無際的平原景象，對於天氣的變化、濕度的感受自然不如居於黃河下游的平原、丘陵者感受之深刻。當李郭畫風盛行之際，那種煙雲變滅的瀟湘景象對於僻居陝甘一帶的畫家並沒有太大的影響，以致這一畫系沒有吸收李郭畫風的特色。

乙、北宋中期以後，中國的都市發展呈現出一種空前的面貌。人口、經濟大量向城市集中，尤其是首都開封爲政治、文化的中心。當李郭畫風在此盛行時，藉著經濟、社會、文化等種種因素方能呈現面的發展。范寬畫派却缺乏這種「城市化」的條件，發展之受到限制是必然的，所以只能呈現出「點」的存在。

丙、北宋末，文人米芾、蘇軾、李公麟、黃山谷等對藝術的影響很大，加上徽宗的喜好，文人思想霸佔了畫壇。崇尚質感、氣勢的堅實畫風自然受到貶抑。即使范寬畫系中有傑出的作家或作品，由於其畫風不爲文人所喜好，亦極可能因而被忽視而不見諸記載。

三、董巨畫風的傳承

董源是北宋時代南方山水畫的宗師，雖然沒有確切可靠的作品傳世，但現今繫於其各下之若干名跡，有少數在風格上應該是可以被承認接受的。那是以一種柔和的筆觸（後人稱爲披麻皴）表現出一種煙雲掩映、幽深平遠的境界。〈宣和畫譜〉稱其畫藝爲：

「至其出自胸臆，寫山水江湖，風雨溪谷，峯巒晦明，林霏煙雲，與夫千岩萬壑，重汀絕岸，使賢者得之，眞若寓目於其處也，而足以助騷客詞人之吟思，則有不可形容者。」

董源是鍾陵（江西南昌）人，所作山水，多以江南之眞山爲其本，而不爲「奇峭之筆」【註二二】。沈括言：

「大體源及巨然畫筆，皆宜遠觀，其用筆甚草草。近視之，幾不類物象，遠視之則景物粲然，幽情遠思。」【註二三】

沈括此述實爲董源山水的特色。即董源之作是對自然景物作總體和諧印象的捕捉，而摒棄廉纖瑣細之刻畫，也就是以概括婉約之筆法表達大自然的氣氛和韻味。

巨然亦鍾陵人，與董源並稱爲董巨。他的山水畫亦是以柔和清潤的筆墨描繪山林裡的煙嵐氣象，他所表達的正是嵐氣清潤、平淡天眞的江南山水。

董巨在北宋時，雖已得名於當時【註二四】，但品第均在李成、范寬、關同之下甚遠。在當時，以董巨畫風爲師者，寥寥可數！僅有二人師董源，一人師巨然，他們是：

「吳僧繼肇，工畫山水，與巨然同時，體雖相類，而峯巒稍薄怯也。」【註二五】

「劉道士，亦江南人，與巨然同師，巨然畫則僧在主位，劉畫則道士在主位，以此爲別。」【註二六】

鄭天民，字先覺，宣和中爲郎官，山水師巨然。【註二七】

董巨畫風在北宋中葉幾乎沒有任何發展，根本不能造成風氣。直到北宋末米芾出，特別崇奉董巨，他評董源的畫云：

「董源平淡天眞多，唐無此品，在畢宏上，近世神品，格高無以比也。峯巒出沒，雲霧顯晦，不裝巧趣，皆得天眞。嵐色鬱蒼，枝幹勁挺，咸有生意，溪橋漁捕，州渚掩映，一片江南也。」【註二八】

他評巨然，除了認爲早年礬頭太多外，餘者均爲讚詞。米芾對藝術的批評一向極爲嚴苛，對於荆、關、李、范等大家都有批評，說是「俗氣」、「少秀氣」、「多巧少眞意」【註二九】等等。唯獨對董巨，幾乎沒有什麼批評。其所以如此推崇董巨是有原因的：甲、米芾久居江南，董巨所寫江南眞山，在米芾看來是平淡天眞，於我心有慼慼焉。

乙、董巨的「嵐氣清潤，林遠煙疏」景象和李成畫派所表達的極似。但董巨是做整體和諧印象的捕捉，隨意而自然，而李郭畫風乃是刻意經營煙雲氣氛，在米芾看來，李成略顯俗氣而失眞趣，而董巨才有「生意」。

丙、董巨是以柔和清潤的筆墨來作畫，而北方山水筆勢較方硬。又董巨筆法概括婉約而不爲廉纖瑣細之刻畫。李郭則以精練而凝聚的筆墨作畫，在米芾眼中覺得太巧，不若董巨逸筆草草之天眞自然。

米芾於徽宗崇寧二年（一一〇三）入京爲太常博士，次年除書畫博士，米芾不但精於鑑賞，亦善畫。嘗自謂：

「伯時病臂三年，余始作畫。」【註三〇】

按李公麟於元符三年（一一〇〇）病痺致仕，米芾自此開始作畫至大觀元年去世，只畫了七年，在時間上實在很短暫。因此董巨畫風和米氏雲山對北宋末山水畫的影響固然有之，但來自米芾之文人書畫品鑑的影響較之來自米氏雲山技法之影響，則顯然是重要得多了。

四、結論

北宋時代在各地成立的山水畫風，彼此之間似乎沒有交流，即使同屬北方山水畫的李郭和范寬兩派亦如此。范寬畫系以關、陝爲中心【註三一】，李郭畫系則流傳於黃河下游的豫、魯、冀等地，董巨則在長江下游一帶傳承。很顯然的，只有李郭畫系傳播最廣、影響最大，所謂的「瀟湘派」、「燕家景」【註三二】（見圖版四）都在它的範圍之內。它是北宋中後期山水畫的主流，而范寬畫系只是一支漸趨沒落、逐漸消散的支流。至於董巨畫風，藉著米芾的推薦，多少給北宋末的山水畫注入些新的養份。以上所述，是北宋初以來山水畫發展的歷程，對北宋末山水畫風之形成有重要的影響。

第二節　北宋末山水畫的發展

任何一個時代的繪畫，其風貌之形成，均有許多複雜的因素，北宋末山水畫的發展亦是如此。除了上一節所述它承受宋初以來山水畫演變的影響外（這也是最重要的影響），其他因素尚包括：宋徽宗對繪畫的態度及其山水畫風趨向造成的影響，當時文人的書畫品鑑和理論，復古思想的出現，以及政治、經濟、社會等因素。在這些複雜的因素影響下，北宋末的山水畫呈現兩種不同的發展方向。

㈠・李郭畫風的延續。當然，李郭畫派在此時期衆多複雜因素的影響下，其面貌已有所轉變。

㈡・新的小景畫風之出現。其實，小景畫風亦出自李郭畫風之餘緒，但是它呈現出一種不同於以往的特殊面貌，故可視之爲新風格。

一、李郭畫風的延續

甲、宋徽宗的影響

宋徽宗雖精於繪事，但熱衷於花鳥寫生，山水畫較少。按徽宗初與王詵、趙大年等往來，後偏愛宋廸風貌之山水，曾自題「八勝圖」曰：「因閱宋廸八景，戲筆作此。」【註三二】另宋廸之侄子房於建中靖國元年（一一〇一）因筆墨妙出一時，被徽宗授爲首任畫學博士【註三三】。因此，徽宗山水確曾受到宋廸之影響。徽宗一向注重詩意情趣的表現，其偏愛瀟湘風格的畫是當然的了。

徽宗一方面喜愛宋廸（師李成）的畫風，另一方面却排斥李郭派大師郭熙【註三四】，可見徽宗偏愛的只是烟雲掩映的柔和氣氛，對於郭熙雄偉的氣勢和勁挺的筆勢並不欣賞。從現今歸於徽宗名下的兩幅山水畫，「谿山秋色」（見圖版五）（現藏故宮）及「晴麓橫雲」（現藏日本）來看（兩幅極相似，姑不論其眞僞，可視爲徽宗喜好之風格），其構圖合於鄧椿所稱之「咫尺千里」【註三五】，而用筆柔細溫和，所繪村郊煙雨、山霧迷濛，頗覺清雅寧靜，然失於瑣碎而無骨氣。可知徽宗所好咫尺千里、煙雨迷濛的風格，正是李郭畫風漸成習氣的典型，事實上，他未能超越李郭畫風的範圍。

乙、米芾等文人的影響

關於米芾之崇尚董巨，前已略述。董巨在畫史上的地位確由米芾一手造成；至於他有意貶抑李成，自謂「無一筆李成，關仝俗氣」【註三六】，則在藉李成貶王詵（米芾「畫史」謂王詵學李成皴法，以金綠為之），如同藉吳道子貶李公麟【註三七】。他的貶李成並不能阻礙李郭派的發展，也沒有影響李成在當時的地位，因為李成「平遠曠蕩」【註三八】的山水正是當時畫家全心以求的。有些藝術史家認為宋徽宗、米芾貶抑李郭後【註三九】，李郭畫風在北宋末因而沒落，這只是憑理論推斷，而無事實根據。

如考諸畫史，則北宋末除王詵外，師李郭者僅畫院中人就有和成忠，郭信（皆待詔）、李希成、胡舜成、張著等多人。而且北宋末文人中如蘇軾兄弟、黃山谷等都很推崇郭熙、王詵等大家。蓋李郭派之喜畫寒林、瀟湘，蘇軾及文同之喜畫竹石、枯木，甚至連米芾父子的米氏雲山，皆為追求蕭疏淡泊之趣。事實上，李郭派在本質上、意境上和這些文人的本質、意境是相契合的。

從正面看，北宋末文人不但沒有排斥李郭畫風，他們的書畫理論對李郭畫風的發展還有推波助瀾之功。若從反面來看，李郭畫風在北宋末由於米芾、蘇軾等文人之介入，對其發展有重要的影響——他們使這種畫風朝著一個大方向發展，也就是文人畫的趣味愈來愈濃，且皆以高古文雅的文人氣習為主，使得此種畫風愈趨柔美。同時用筆柔和而漸趨簡放，且重視水墨渲染，而關於大氣濕度及明暗的表現仍然是最重要的。

丙、經濟繁榮、城市興起等社會因素之影響

北宋末年，經濟繁榮、城市興起。當時上下生活富足，一切工藝、美術活動都達到顚峯狀態，尤其首都汴京（開封）的繁華更屬空前。這種經濟繁榮及都市復甦對藝術方面產生了兩個影響：

(1)・對現實性要求的增高。即使是山水畫也希望和現實生活發生關連。於是敍事、風俗等歷史性、地方性的內容也漸漸在山水畫中增多。

(2)・裝飾性的需求增加。因此在山水畫中，點景人物、樓台水榭的描寫佔著很重要的地位。同時色彩的暈染也在山水畫中出現的比以往更多。

丁、復古主義興起的影響

在中外藝術史中，任何一種繪畫風格只要形成了模式，就有復古思想的興起。因爲當繪畫成爲一種模式時，對於感官的刺激便相對地減弱；而爲了突破這種刺激的弱化，往往從前人風格中尋求一些新的力量注入原有的風格中使能有所改變。北宋末山水畫的著色，一方面是基於前述裝飾性需求的增加，另一方面則是復古主義興起的結果。

據畫史所載，此一時期以王維、李思訓爲宗的山水畫家極多。尤其李思訓的金碧山水一時成爲山水畫着色的典範，使北宋末青綠設色大爲盛行，一時蔚爲風尚。

由於受到前述諸因素的影響，傳統的李郭派畫風在北宋末確有相當程度的改變。此時的山水畫既要雲烟供養，以高古文雅爲上，又需兼顧現實性與裝飾性的要求。因此，此一時期的畫家非常注意如何將這兩種特性融和起來。大致說來，文人畫家較重前者，職業畫家則傾向後者，亦有更多的畫家是以綜合的樣式表達。王詵可算是此時期此一畫風的代表者，據（圖繪寶鑑）載：

「王詵學李成山水，清潤可愛，又作著色山水，師唐李將軍，不古不今，自成一家。畫墨竹師文湖州。」

夏文彥此評適足以說明北宋末的山水畫風。也就是「清潤可愛」的「著色山水」，但「不古不今，自成一家」。其畫風來自李成、李思訓、文同三方面的影響，也受著傳統，復古與文人畫之交互影響，自然是不古不今，自成一家。

北宋末山水畫流傳至今的實在不多，王詵算是留傳畫蹟較多者，其「煙江疊嶂」、「漁村曉雪」（俱陷大陸）、「傑閣嬰春」等都可視爲北宋末李郭畫系山水畫之代表作。另徽宗名下幾幅山水畫及許多無款宋畫如「溪山暮雪」、「江帆山市」等，風格上雖然略有不同，但均可納入北宋末李郭系統之內。

二、小景畫風之興起

甲、徽宗畫院之影響

宋代畫院制度中最突出，影響後代繪畫最大的就是宋徽宗以意境優美之詩句作爲畫院考試的試題，此種「以詩取士」的舉措能提高畫院畫家的文學素養，豐富其想像力及畫中的詩意和情趣。但是，詩歌之境界有大小，大境界予人壯闊、雄渾、偉大之感覺。例如：「平沙莽莽黃入天」、「黃河遠上白雲間」、「惟見長江天際流」等，皆爲大境界之作。小境則予人柔和、細緻、幽美之感覺，而宋徽宗時畫院考試之試題多屬小境界者。例如：

野水無人渡，孤舟盡日橫。【註四〇】

嫩綠枝頭紅一點，惱人春色不在多。【註四一】

踏花歸去馬蹄香。【註四二】

竹鎖橋邊賣酒家。【註四三】

以上試題皆屬小境界者。而據畫史所載，凡中魁者之作品皆長於意境之表現，多藉小情趣來表達詩中之涵意。故所畫盡爲柔和、秀美之作，此即小景畫最基本的特質。

乙、蘇軾等文人之影響

蘇軾不僅爲北宋末大詩人，亦善於繪事，其「詩畫本一律，天工與清新」【註四四】一語可謂道盡詩畫兩者之密切關係。按蘇氏文名溢於當世，又與王詵、米芾、文同等爲知交。其「詩畫本一律」之觀點，藉著這些文人畫家的影響力，使北宋末「以詩入畫，藉畫表詩」之風氣大盛，一時風雅文士兼擅丹青者極多。這些文人特別講究的是詩意之經營，而溪塘、陂湖、汀渚、林樾、柳亭等村郊野景最能藉詩意以入畫，且這些景緻正是「小景畫」最合適的題材。考諸畫史，可知作小景畫者多爲文人，除文同，王詵外、趙大年、趙士雷等宗室皆是詩畫兼擅的小景畫家。

丙、政治因素的影響

宋代皇室有一項很特別的規定，即不准皇室遠遊，故皇室的活動範圍侷限於開封附近，以致大多數宗室畫家無法從廣大的自然景物中選取題材以創作理想的大幅山水畫。趙大年就曾被譏爲「不出京洛五百里」【註四五】，這話恐怕一點也不誇張。也正因爲這些宗室畫家不能遠遊，所繪題材自然僅限於日常生活中所見的景色，如秋塘、沙渚、江邨、柳亭等，而這些景緻最適於作小景畫，這就是爲什麼小景畫會特別盛行於宗室之間的原因。

由於前述諸因素的影響，促使小景畫風在北宋末逐漸盛行。小景畫家均擅於着色，這是北宋末山水畫的普遍風氣，前已述及，但小景畫的着色較爲清淡雅緻，與墨色配合的極爲清麗脫俗。這可能是因爲宋宗室均擅詩書，設色較淡雅是必然的。另外，小景畫家們亦遠宗王維和李思訓。由於他們所見不出京洛五百里，只好把王維、李思訓等唐朝山水畫當作一種典範，再從身邊景物獲取靈感，藉以進行創作。他們極善於利用王維那種微妙的筆墨來描寫此種小尺幅的自然景緻。而李思訓的青綠山水畫更爲貴族、宗室所激賞喜愛。此種青綠的鮮艷色彩一旦施於墨色之上，便產生墨色交錯的輝映效果，而變成裝飾性極強烈的山水畫。因此就墨法與裝飾性來說，此種畫風最初由宗室畫家開展是必然的。由於小景畫家均擅青綠著色，亦有稱爲「小青綠山水」者，此種畫風的代書者應推宗室趙大年。

趙大年爲宋太祖第五世孫，家世顯赫，自幼即誦研唐詩，雖「生長官邸，處富貴綺紈間」，却「能游心經史，戲弄翰墨」【註四六】。徽宗自幼即與趙大年往還甚密，董逌、黃山谷、趙德麟等均極賞識他的才華，因此趙大年自幼即負盛名。由「宣和畫譜」中衆多小景畫家的記載看來，趙大年當是北宋末小景畫風中的佼佼者。現藏波士頓美術館的「湖莊淸夏圖」（見圖版六）可能是較接近趙大年畫風的眞蹟，此圖柔和幽美，煙霧濛朧，和李郭畫風之意境頗類。然而畫幅小，境界小，色彩豐富，用筆纖弱，所繪村郊煙雨，儼然是一種新的風貌。

除趙大年外，與他同時的小景畫家尙有閻世安，梁師閔、夢休、李時敏等人。而仿效他的人甚多，宗室如趙士富、趙士遵、趙士仁、趙淵、趙宗漢、趙士安等，均擅以青綠設色作小景畫。由於小景畫風興起於皇室的貴族畫家，這種高度詩意化的山水畫又爲文人所喜好，在北宋末遂漸漸造成風氣，成爲一種新的風格。這種以青綠設色的小景畫風不但在北宋末逐漸成爲山水畫的主流；而且隨着朝代的變遷，在南宋繼續傳承。

三、結論

縱觀北宋末山水畫的發展。有李郭畫風的延續和小景畫風的興起兩大主流。李唐名下的「萬壑松風圖」（眞僞暫且不論）作於宣和四年，正當北宋末期，但「萬壑松風圖」的風格實不能歸入此兩大主流之中。雖然如此，也並不能證明它不是北宋末的作品。我們必須考慮其地理因素。李唐是河陽三城人，即今河南孟縣，在河南的西北部臨黃河北岸，縣內有王屋山與北方的太行山呈直角相交。西有中條山與王屋山平行，地近關陝，屬於高原與平原的過渡區，在繪畫風格上應屬荆浩、范寬系統之範圍。像李唐這樣的大家，像「萬壑松風圖」這樣的巨作，似乎不屬於北宋末；但我們若能明瞭宋初以來山水畫的發展大勢，就能認淸在時代風格中仍有地域性的差異，在面的發展中仍有點的存在。郭熙不也曾說過：

「今齊魯之士，惟摹營丘，關陝之士，惟摹范寬。」【註四七】

雖然范寬畫系在北宋中期後漸趨沒落，我們仍須正視像李唐這樣的大家，可能在原有地域性風格中有更進一步的發展。我們必須正視巨碑式的山水在北宋末的存在；如同我們必須承認：在南宋斧劈畫風籠罩下仍有江參一派之存在，在元初文人畫風盛行時仍有孫君澤等馬夏系統畫家之存在。

第三節　南宋初山水畫的發展

宋室南渡以後，高宗大力提倡繪畫，而江南社會在「紹興」以後亦稱安定，繪畫藝術在南方乃得以繼續蓬勃的發展。此一時期的繪畫，如僅以高宗朝爲限，並不像一般畫史所稱的「風格丕變」，南宋初的山水畫仍舊承襲北宋末山水畫的精神，當然在形式上多少有點改變。這是因爲人事及地理環境之變遷所造成的。茲就南宋初山水畫形成的背景分述如下：

一、高宗畫院之興盛

宋高宗本人書畫俱佳，山水、人物、竹石悉臻精妙，在登基後即有意恢復北宋畫院之規模，著意延攬原宣和畫院之畫家。建炎年間雖僅有李唐入朝爲官，但紹興年間原宣和畫院之畫家竟有十四人入高宗畫院，而且幾乎皆官至待詔（僅李安忠官職不詳）【註四八】。而北宋末之畫風也隨着這些畫家之南移而成爲南宋初畫壇之主流。

二、皇室的貴族畫家

北宋末期已廣泛流行於皇室的小景畫在南渡之後更見盛行。趙伯駒、伯驌兄弟、趙士遵以及高宗本人都是青綠設色的能手。宋鄧椿〔畫繼〕有云：

「士遵，光堯皇帝皇叔也。善山水，紹興間一時婦女服飾及琵琶、箏面，所作多以小景山水，實唱於士遵……。」【註四九】

「伯駒，字千里。優於山水花果翎毛，光堯皇帝嘗命畫集英殿屏，賞賚甚厚。多作小圖，……其弟路分伯驌，字希遠，亦長山水花木，尤長著色。」【註五〇】

正因為此種青綠小景為皇室權貴所好，以仰承供奉於皇公貴戚的畫工，為了要獲得地位與賞賜，也競相學習此種畫風。於是青綠小景畫很自然的在畫院中大行其道。

三、南方錢塘附近的山水形態

北宋末的小景畫雖然崇奉李思訓的青綠設色，但在筆墨方面却以王維柔和微妙的南宗水墨為宗。這些原居於北方的畫家，特別是在開封附近善畫平原小景的畫家，慣以柔美、謹愼、纖弱的筆墨作畫。這種筆墨技法用來再現開封附近的自然景觀也許很適合，但如用來描繪浙江錢塘附近峭勁的山岩、坡石，却有許多困難。所以在南宋初，筆墨的運用似乎特別推崇李思訓而揚棄了王維的傳統。此所以細密精謹而有力的用筆在南宋初逐漸盛行的原因。

四、結論

南宋初的山水畫，大致上是源自北宋末的小景畫風，所以在精神上是一脈相承的，在形式上則因時空的轉移而略有不同。在畫幅方面，南宋初顯得比以往更細小，而畫面之取景構圖也日漸朝着簡易的方向前進，在畫幅的上邊或斜半邊通常都留下較多的空白，可能是想藉以暗示廣大的空間。中國山水畫面的實少虛多可說是肇始於此，且越到後來越甚，尤其是馬夏，令人覺得他們似乎企圖在空白中尋求詩情，則已有勉強攀附詩情的傾向了。

小景畫風在北宋末的發展可說是方興未艾，但是僅局限於宗室及文人畫家間，未能廣泛流行於畫院及一般畫家之間，如果北宋有幸不亡，小景畫風必會在北方繼續發展下去。而南渡之初，由於畫院成爲單一發展的形勢，文人書畫的影響力已不明顯，「院畫」亦因而形成一枝獨秀的局面。即使南渡諸畫家欲在既有的風格上力圖創新，然囿於畫院一隅之地，且又受皇室好惡之影響，他們的風格自然會呈現出一種共同的趨向。因此，即使沒有李唐的出現，這種趨向的造成仍是必然的。所以，若說青綠小景畫風的開創者是李唐並不適當；只因當時並無大家出現，而李唐的畫藝卓越，在畫院的地位又高，當時追摹其畫風者不在少數，於是畫史就把李唐奉爲南宋風格的開創者，甚至把一些筆法類似李唐的小景畫也盡歸爲李唐所作。

註釋

註一：見北宋劉道醇撰〔聖朝名畫評〕，文收〔佩文齋書畫譜〕第一冊，新興書局，第三七三頁李成條。

註二：見北宋郭若虛撰〔圖畫見聞誌〕，文收〔書史叢書〕第一冊，文史哲出版社，卷一，第一五八頁。

註三：見宋人費樞〔釣磯立談〕說孚三十一。

註四：同註一。

註五：見〔宣和畫譜〕，文收〔畫史叢書〕第一冊，文史哲出版社，卷十一，第四八八頁。

註六：見北宋郭熙、郭思撰〔林泉高致〕，文收〔中國畫論類編〕第五編，華正書局，第六三三頁。

註七：同註六，第六三二頁。

註八：同註六，第六三九頁。

註九：同註六，第六三五頁。

註一〇：見米芾撰〔畫史〕，文收〔美術叢書〕二集九輯，藝文印書館，第三四頁。

註一一：同註五，卷十一，第四九七——四九八頁，見郭熙條；及卷十二，第五〇三——第〇四頁，見宋廸條。

註一二：同註十。

註一三：同註五，第四九二頁，見許道寧條。

註一四：同註一三。

註一五：同註五，第五〇〇頁，見燕肅條。

註一六：同註五，第五〇一頁

註一七：同註五，卷十二，第五〇六頁，見李公年條。

註一八：同註一，見范寬條。

註一九：同註一，第二冊，第一〇六四——一〇六五頁，見范寬條。

註二〇：同註十，第三九—四〇頁。

註二一：見元人夏文彥撰〔圖繪寶鑑〕，文收〔畫史叢書〕第一冊，文史哲出版社，卷三。

註二二：見宋人沈括撰〔夢溪筆談〕，商務印書館，第一二一頁。

註二三：同註二二。

註二四：同註二，卷三，第一八三頁，見董源條。及卷四，第二〇一頁，見巨然條。按郭若

四、虛在〈圖畫見聞誌〉卷一中，論三家山水列李成、關仝、范寬，而無董巨。

註二五：同註二，卷四，第二〇一頁，見吳僧繼肇條。

註二六：同一〇，第一一頁。

註二七：見〈圖繪寶鑑補遺〉，商務印書館，第一一四頁。

註二八：同註十，第一一頁。

註二九：米芾評荊、關、李、范，均見於其〈畫史〉第五三頁。

註三〇：同註十，第一九頁。

註三一：同註六，林泉高致云：〈今齊魯之士，惟摹營丘，關陜之士，惟摹范寬。〉

註三二：米芾〈畫史〉謂：〈禮部侍郎燕穆之，司封郎宋廸復古，直龍圖閣劉明復，皆師李成……。」

江少虞〈皇朝事實類苑〉謂：「成畫平遠寒林、前所未有，……其後燕文貴、翟院深、許道寧輩，或僅得其一體，語全則遠矣。」

註三二：見張澂撰〈畫錄廣遺〉，文收〈美術叢書〉四集第二輯，藝文印書館，第六四頁。

註三三：見鄧椿撰〈畫繼〉，文收〈畫史叢書〉第一冊，文史哲出版社，卷一，第二七三頁。

註三四：同註三三，〈畫繼〉，卷十有云：「先大夫在樞府日，有旨賜第於龍津橋側，先君侍郎作提舉官，仍遣中使監修，比背畫壁，皆院人所作翎毛、花、竹及家慶圖之類。一日，先君就視之，見背工以舊絹山水揩拭幾案，取觀，迺郭熙筆也。問其所自，則云不知。又問中使，乃云，此出內藏庫退材所也，昔神宗好熙筆，一殿專背熙作，上即位後，易以古圖，退入庫中者，不止此耳。」

註三五：同註三三，第二七一頁。

註三六：同註一〇。

註三七：同註一〇，第一九頁。

註三八：同註一。

註三九：徽宗貶郭熙見註三四，米芾貶李郭則見註一〇。

註四〇：同註三三。

註四一：見俞建華著〔中國繪畫史〕上冊，商務印書館，第一六七頁。

註四二：見〔佩文齋書畫譜〕第一冊，新興書局，第三三〇～三三一頁「宋子俞子記試畫工形容詩題」條。

註四三：同註四二。

註四四：同註三三，卷四，第二九四頁，見「鄢陵王主簿所畫折枝」，東坡書有二詩，其一云：

「論畫以形似，見與兒童鄰。賦詩必此詩，定知非詩人。詩畫本一律，天工與清新。……」

註四五：同註三三，卷二，第二七五頁，見趙令穰條「所見止京洛間景，不出五百里內故也。」

註四六：同註五，卷二十，第五〇頁。

註四七：同註三一。

註四八：見蔡秋來著〈兩宋畫院之研究〉，嘉新水泥公司文化基金會，文史哲出版社，第八九～九〇頁。

註四九：同註三三，第二七八頁。

註五〇：同註三三，第二七八頁。

第三章　李唐畫蹟之比較研究

第一節　畫史上的李唐山水畫風

現今傳世之李唐名下的山水畫以數量而言並不在少數，但其間差異則相當大，筆墨章法各不相同而有各種不同的風格呈現。因此，除了「斧劈皴」一詞外，我們對他的風格難有更進一步的確認，而這些畫中，確鑿可靠而爲世所公認的，幾乎沒有。卽令像「萬壑松風圖」這樣的佳構，仍有人抱著懷疑的態度【註一】，其餘諸畫就更令人存疑了。所以我們對於李唐的畫，缺乏一個實例上的標準，只有先從早期的文獻中試圖歸納歷史所記載的李唐風格，以期對李唐有較清楚的認識，希望能略窺他的風格。

畫史中最早提到李唐山水畫的是鄧椿的「畫繼」，此書成於宋高宗乾道二年（西元一一六七年）建炎年間之事，鄧氏應知之甚詳，此書所述應該是極可信的，然而關於李唐的記載却極爲簡略：

「李唐，河陽人，亂離後至臨安，已八十，光堯極喜其山水。」【註二】。

考察「光堯極喜其山水」，李唐是高宗時畫院待詔，其山水畫能爲高宗所喜歡，他的畫必定屬於高宗所嗜愛的畫風。按南宋初期，北宗青綠山水甚爲皇室親貴所喜愛，除趙伯駒、伯驌、劉思義等人外，高宗亦爲青綠設色的能手。其實這種小青綠山水，在北宋末期已廣泛的流行於宗室貴族間，如王詵、趙大年、趙世雷等皆以青綠山水出名，只是這種畫風在南渡初期更爲普遍。李唐既爲畫院中人，又嘗供職於康王府，建炎年間更貴爲待詔，所以，根據以上所述來推測，李唐獲高宗賞識的山水畫，與當時所流行的小青綠山水畫風應該相去不遠。

稍晚於〈畫繼〉的是李澄叟的〈山水訣〉，李澄叟之名係僞托，此書約成於宋寧宗末年（一二二一），又一說爲元人所作，其內容與〈傳李成山水訣〉大同小異，所載又多矛盾之處，故於此不錄。

元代趙孟頫曾論李唐：

「李唐山水，落筆老蒼，所恨乏古意耳，然南渡以來，未有能及者，爲可寶也。」【註三】。

此段敍述，因趙氏對李唐僅此寥寥數語，而且略有微詞，所以這篇記載應該是相當可信的。按趙氏畫風宗董巨，和李唐的路數完全不同，能稱李唐爲南渡以來第一人，是難能可貴的。

至於批評的重點在「乏古意」，既然稱其落筆老蒼當然和董、巨的山水畫有很大的差別，所謂「乏古意」大概就是以董、巨畫風來衡量李唐。由「落筆老蒼」和「南渡以後，未有能及者」這兩句話，可知李唐在南渡後用筆老成蒼硬，南宋畫家沒有比得上他的。

元代紫芝山人俞和對李唐的批評，全屬讚美之詞：

「右李唐所畫關山行旅圖，樹石荒勁，全用焦墨，而佈置深遠，人物生動，蓋法洪谷子筆也。」【註四】

按此文錄自〈寶繪錄〉，〈寶繪錄〉中所載多係僞作，而今故宮所藏李唐「關山行旅圖」，自筆、墨、章法觀之，亦係僞畫，所以此段記載不足爲據。

饒自然的〈山水家法〉，成於何時不詳，惟知饒氏爲元人，去李唐雖遠，但仍可能目睹李唐眞蹟。觀饒氏所述所見，有其獨特之處，不似多數史籍相互抄襲，而且饒氏本人善畫，不似一般文人所言空洞，他的觀點，值得我們重視：

「李唐山水：大劈斧皴，帶披麻頭各筆，作人物、屋宇，描畫整齊，畫水尤覺得勢，與衆不同，南渡以來，推爲獨步。」【註五】

所謂大劈斧皴就是大而長的小劈斧皴；至於披麻頭，由於文獻的缺乏，且無確實的畫蹟可供參考，只能猜測大概就是較爲短促的披麻皴。如果按照我們今天對於皴法的認知來說，大斧劈皴和披麻頭應該是兩種極爲不同的皴法，將兩者混用來表現山石的山水畫實不曾見。因此，我們不應該將饒氏的主觀陳述用後世的皴法來作硬性的說明。饒氏所指大斧劈皴似乎並非馬遠、夏珪之拖泥帶水式的大斧劈，可能只是略長一點的小斧劈皴，這和披麻頭應該是比較可以混用的。「畫水尤覺得勢」和「描畫整齊」這兩句話似乎太抽象，在此只知道李唐畫水和一般南宋畫家是不同的，而作畫的態度是嚴謹的。

〔圖繪寶鑑〕可說是紀錄宋代畫家最多的一本書，此書成於元順宗至正二十三年（一三六五），距李唐卒年已有二百多年，所載多抄錄、收集而成。在此，僅引用前面一般畫史沒有提到的，卽高宗嘗題其「長夏江寺卷」云：「李唐可比唐李思訓。」高宗將李唐比之李思訓應該是有道理的，李思訓所畫爲青綠山水，而李唐的「長夏江寺卷」也很可能是青綠山水才對。目前，有很多人懷疑這種說法，認爲高宗之意，乃是媲美同是姓李的兩家藝術造詣而已。

李唐的聲譽，到了明代可謂節節昇高，在那些汗牛充棟的文獻資料中，輾轉抄襲，增減前人資料者，當然不在少數，爲了減少以訛傳訛的謬誤，在本章中皆省略不用。

雖然史料極爲缺乏、簡略，但是，爲便於比較研討起見，還是試把李唐山水畫的特色按前引文獻歸納出一個大概：

㈠．所有的記載均指南渡以後的李唐，北宋末的李唐風格，我們是一無所知，不過一定和北宋末流行的李郭畫風不類。

(二)・南渡以後李唐的山水畫風格，在設色方面和李思訓應有相似之處。

(三)・用筆老成蒼硬。比南宋馬、夏輩要有古意，這是他們所比不上的。

(四)・皴法並不能以小斧劈或大斧劈概稱，因北宋畫家尙寫實，爲表達山石質感，用心用力、神謀手追，皴筆視實際需要而隨時變易，但求曲盡形容。所謂斧劈皴，是出於後世觀者之意會，我們只能稱李唐的皴法感覺上是屬於斧劈系統，但並不具固定的形態。此外，李唐畫水生動而獨特；作畫的態度，應該是嚴謹而一絲不苟的。

前面提過，這只是一粗略的概念，我們對李唐的山水仍是一片模糊。如果要以上述文獻來做爲鑑別李唐作品的基準，可能會遭遇很多困難。因爲李唐活到八十多歲，在時代上說，他至少跨越了南宋和北宋，在地理環境上來說，他亦曾生活在兩種不同的地域裡，歷經過許多不同的經驗與遭遇，所以如果僅依畫史所載之資料，很難界定李唐的風格，此亦推斷李唐風格不可避免的難點。

第二節　萬壑松風圖

「萬壑松風圖（見圖版七）是現今李唐名下最有名的一幅作品，本圖著錄見〈石渠寶笈〉

三編第一四四七頁及」卷五第六六—六七頁，圖片見〔宋畫精華〕中册第二七圖及〔故宮名畫三百種〕第三册第九十五圖。

一、章法

甲、主體：

北宋山水畫，尤其是軸，可以發現它們都特別強調畫中的主山，例如范寬「谿山行旅圖」、郭熙的「早春圖」、巨然的「秋山問道圖」都足爲明證。畫中的主山佔了畫面的絕大部份，眞使人有一種巍然雄踞唯我獨尊的感覺。本幅亦屬中峯頂立式構圖，主山居中高聳、將及絹頂，天空面積甚小，但已比「谿山行旅」、「秋山問道」等圖有較多天空，整幅畫實多虛少、氣勢雄偉，和前述幾幅著名的北宋山水畫在氣勢上有極相似之處。

本幅主峯之下，有松林石坡，是爲前景，石坡在前，近中景處爲松林數株，描寫極爲生動，約佔畫面的三分之一，在比例上已相當大。一般說來，北宋山水畫多半採用遠距離的縮寫法來畫前景，畫出來的是小樹大山，那是爲了要描寫整個大自然的雄偉崇高和浩蕩之氣；可是越到後來，近樹越來越大，山越來越小；簡直就和西洋的透視法一樣了。這可能是受了李成近大遠小的平遠法之影響；另一方面，自北宋以後，人與自然的關係日漸親近，因此人與自然的距離亦日漸縮短，畫家筆下的山水漸漸是屬於人的、是平易近人的山水。

本幅是爲大樹大山，主峯已不像「谿山行旅圖」或「早春圖」那麼遙遠而高不可攀，因此在時間上已經是較晚的風格。

乙、副體：

本幅章法極爲巧妙、妥貼，雖丘壑滿紙而不擁塞。畫幅上方盤石鐵鑄，但山與山間有三朵白雲游於其間，使山與山之間透出了空氣、距離，也顯露了實中之虛，使鐵青的畫面有了柔的調劑。本幅主峯左側有數疊細泉從幽暗的山谷中注入，主峯右側亦有一氣勢雄勁的瀑布蜿蜒而下，兩道山泉會合於畫面左下方，形成層層激流，奔瀉而出。這兩道瀑布和這一川奔泉穿插在這沈鬱厚重的山林中，使得畫面有了動感，而且也使觀者彷彿聽到潺潺的水聲，與松濤聲相互輝映，傳達出「清泉石上流」的優美景緻，恰與剛硬似鐵的山石，形成強烈的對比。

本幅極善用對稱之妙，除了善用剛與柔、動與靜之外，在結構上，左下方奔泉和右下方的山徑均向畫幅中心深入形成一三角形，使甚畫面結構極爲穩重。而右側山阜與左側低峯亦是等量齊觀。此外，一朵白雲、一道瀑布和二朵隱約的白雲、二道細長的瀑長亦相配得宜，得以相互呼應，可見作者經營之苦心。關於本幅的構圖意念，江兆申先生在〈從畫家構圖意念來看中國山水畫的舊有進展〉一文中有極精到的論點。他說：

「所以我覺得萬壑松風的構圖意念，是我所見到的古畫中最複雜的一幅，它融合了我國山水畫基本構圖之原則（平遠、平視；深遠；透視；高遠，仰視。）於一爐。但在我們沒有細加分析以前，我們只覺得它提供給我們一個非常優美而完整的眞景實境，而無法發現這位卓越的畫家已經費盡心力地搏合了很難搏合的矛盾。」【註六】

綜觀之，本幅章法穩當，屬北宋風格，在結構比例上已和范寬、郭熙等不同，複雜且巧妙，在時間上不會早於范寬、郭熙，而晚不至晚於北宋末。懸圖拜觀，蒼松盈野、濤聲震耳，眞是風雨驟生、氣呑江山。若論構圖之複雜巧妙與氣勢之雄渾，北宋山水畫中，當以此圖爲甲觀。

二、筆墨

甲、山石：

此幅之山石皴法，沈著厚重，沒有一絲火氣，由近景坡石的處理來看，不能以某種皴法概稱。若以今日我們對皴法的概念而言，有類似釘頭鼠尾狀之短筆劃，短截而有力；亦有類似范寬的雨點皴及馬牙皴等半砍半皴之方筆，硬而勁挺；當然更有許多所謂的斧劈皴。行筆時有中鋒、亦有偏鋒，（這是北宋山水畫家眞正善用側筆的一幅畫。）且運用了長短粗細不同的筆、枯濕濃淡不同的墨反覆皴擦及暈染，來完成每一塊山石，它的組成是那壓複雜而艱難、那麼適當而且眞實。韓拙〔山水純全集〕中有云：

夫畫者、筆也，乃心運也，索之於未狀之前，得之於儀則之後，默契造化、與道同機，握管而潛萬象，揮毫而掃千里。故筆以立其形質，墨以分其陰陽，山水悉從筆墨而成。」【註七】。

細觀本幅用筆，謹而精、肯定有力，並無所謂的筆法，線條尙未獨立出來，而是融和於物象之中，每一筆都負有形容實體之使命。本幅山阜的深度和層次極佳，可在石頭的面塊構成中感受到那種盤石如鐵的質感，而且一層層的深入，是立體的而不是平面的。本幅所謂的斧劈皴已不同於南宋馬遠、夏珪等之斧劈皴，他們的斧劈皴已經漸漸定型而產生習氣——線條鋒利、快速且行筆方向一致，本幅則方剛樸厚而勁力內斂。一是初創，著眼點在表現實體；一是因襲，只是形式的貌取。至於畫史稱李唐是斧劈皴的創始者，若指此幅而言，則黃居寀「山鷓棘雀圖」、傳李成的「寒林圖」、劉松年的「畫羅漢」，皆已有明顯的斧劈風格。

乙、樹叢：

本幅畫樹描寫生動，極合生長原理，尤其前景數株松樹曲屈連綿，茂密中不見一筆鬆懈。樹幹的輪廓與山石輪廓畫法一樣，中鋒轉側鋒再轉中鋒，極爲有力，轉折停頓之間較

「早春圖」等北宋名蹟來得明確而流暢，屬較晚期風格。而小樹枝椏出筆不停頓，一筆到底，力道毫不保留。至於松針，精勁而筆筆力到毫端，卽令遠景松林之細微處及遠山之小草，仍具酣暢之勢。在時代上絕不會晚於北宋末。

丙、水泉：

本幅左右二道高山長瀑，宛如一道白鍊，轉成數條細泉直瀉而下，和「谿山行旅圖」（主峯右側）、「晴巒蕭寺圖」（見圖版八）（主峯右側）一般，正是「高高懸瀑、燕尾雙岐」【註八】，採上勢下垂的姿態，行筆速度不疾不徐且泉的兩側都染以重墨，更加強調出山泉之美。左下方描寫山泉鑽流於亂石間，奔泉層疊而下，激起水花泡沫，此處用筆亦如左右二瀑，皆以中鋒圓筆的鐵線描出之，行筆速度較瀑布稍快，故末端稍細，然水流益覺順暢得勢。宋代畫水實以此幅最爲生動、成功。

丁、墨色：

本幅墨色深重，大致而言是以筆的粗細來決定墨的深淺，尙無水墨融合的用法，畫和染是分開的。而用色古雅深厚，山石以赭石爲主，部分配以花靑加墨加赭石暈染而成深色的部分。松葉槪以叶綠重染重提，惜年代久遠，或已脫落或晦暗不明，難以顯出其渾厚華麗。如果細察，尙能在樹梢間看出叶綠的痕跡。天空則上濃下淡，烘染極佳，無論山石或樹幹，皴筆多處則施以重色、無皴筆處則以淡染，故亮暗分明，立體感愈顯。

綜觀本幅筆墨設色，運筆穩當蒼健，筆意淳古，且墨色深厚古雅、氣韻渾厚、林木深鬱、山石渾成。種種觀之，時代不致晚於北宋。

三、造形

本幅布景高亢，山石形態方剛勁峭，礁石滿地，概屬北地景觀，尤以高峯松林極似太行、王屋眞山。而山與山之間的連貫極好，脈絡分明，遠較「谿山行旅圖」複雜。本幅松林屈折盤曲，除松林外無其他濶葉林木，氣根紮於礁石之上極爲勁挺，一片質朴沈鬱風貌，和「谿山行旅圖」、「山谿待渡圖」等相似，而和「秋山問道圖」（見圖版九）的江南景觀相去甚遠，當屬北方山水風貌。

四、質地、款印

本幅爲絹本三拼大幅，縱一八八・七公分，橫一三九・八公分，在比例上是故宮宋代掛軸中寬度長廣的一幅。本幅絹質緊密、色澤渾穆，惜因年代已久，絹素稍舊、墨色稍暗。全幅色彩與墨色渾然一體、氣色淳古，當是北宋之作。

本幅有款，在主峯左側之遠峯上以隸筆書「皇宋宣和甲辰春河陽李唐筆」，說明了時代、年份、季節、籍貫和姓名。考其筆法，以隸筆題款，和本幅之淳古畫風極爲相配。在北宋名作中，崔白「雙喜圖」的題款是比較可靠的，在樹幹中有「嘉祐辛丑年崔白筆」之隸筆題款（此時崔白尚未入畫院），和本幅題款極爲類似。而本幅題款墨色和原畫墨色相同，且唐字第二劃和筆字的竹字頭，因爲絹質緊密不一，年代一久、鬆處露白，和兩旁山石裂縫露白相比，可知畫和款爲同時之作。因此，本幅爲李唐之作品是極爲可靠的。

本幅無作者印，收藏印以「乾卦」印爲最早。此印鈐於右上角，右半已脫落、只餘半印，作風與印色均舊，應是相當可靠的；然此印與刁光胤「寫生花卉册」上之孝宗乾卦印不同，和吳彩鸞「書唐韻册」及王羲之「三帖卷」上之高宗乾卦印亦不類，不知是高宗或那個皇帝的印，不過此幅經南宋內府收藏是可以確定的。本幅右下方有瓢印一，文已慢漶不清、不能辨認，舊說是「悅生」瓢印，筆者以爲不似，第一字疑爲壽字。此印印色極古，可以上推至宋代。本幅右下，另有「司印」半印，原印共有六字：「典禮紀察司印」。莊申在（故宮書畫所見明代半官印考）一文中有言：

「鈐有司印的畫書，俱爲明室御藏。明代得國甚速，元帝倉皇北遁，不及攜宮中寶藏，所以明初御苑所有，可說盡爲元室舊藏，而元室之所有，泰半又自宋室御苑接收而來。」

【註九】

故凡有「司印」半印之古書畫大都接受自元內府，而元內府的收藏有很多則是接受自南宋內府。

本畫畫幅保存完好，惜絹素稍舊。在「石渠寶笈」三編以前，未見諸家著錄，因此本幅可能自宋內府收藏後，相繼爲元、明內府收藏，而經清初梁清標收藏後（蕉林、蕉林審定、觀其大略），很快的又入清宮（三希堂精鑒璽、宜子孫、嘉靖御覽之寶、嘉慶鑑賞、宣統御覽之寶），因此歷代著錄不載此畫，藝術史家亦大多不知有此畫。

五、結論

本幅不論筆墨、章法、造形、質地、收藏印各方面均可證明爲北宋晚期作品，又有作者名款可證明爲李唐之作。李唐生長在李郭畫風籠罩下的時代，然而他却承繼荆、關、范寬等之傳統，而在山水畫的技巧和風格上樹立完整而成熟的典範。像這樣一位重要的畫家，因爲不合於當時流行的畫風，以致在北宋未能得名於當世，故歷代畫史都只稱其爲南宋山水畫的開拓者。我們當然不能因畫史的偏失、著錄的遺漏，而懷疑他在北宋的存在，從而忽略或抹煞他在北宋山水畫史上的地位。只要看「萬壑松風圖」這樣偉大的巨作就足以肯定李唐的歷史價值，尊他爲北宋巨碑式山水畫的最後大師實當之無愧。因爲自他以後，中國山水畫史上再也沒有出現像「萬壑松風圖」這樣大氣磅礴的山水畫。

第三節　江山小景圖

關於「江山小景圖」（見圖版十），李霖燦教授曾於民國四十九年十一月發表〔李唐江山小景圖卷〕一文【註一〇】，證明「江山小景圖」就是原本著名的「長夏江寺圖」，因爲此圖曾爲宋犖（一六四三—一六一三）收藏，而且曾有題跋，見於宋氏的〔漫堂書畫跋〕及〔西陂類稿〕。其文如下：

南宋李希古長夏江寺，余見凡三卷。其一爲遷安劉總憲魯一所藏，余曩曾購得，筆墨濃厚，神采奕奕。上有高宗題云：「李唐可比唐李思訓」，乃從來煊赫名蹟也。旋爲有力者負之而趨，迄今悵惘。其一無高宗題，殘缺已甚，余見於梁國棠村座上。所謂「素絲斷續不忍看，已作蝴蝶飛聯翩」，殊無可憶。此卷雄峭深邃，寫出江山之勝。以泥金點苔，尤爲其創。品在劉氏卷下，梁氏卷上，亦希世之珍也。康熙甲申（一七〇四，當清聖祖四十三年）正月，余從嶺南得之，足以豪矣。裝池竟，漫爲跋尾。

李霖燦教授依宋氏的着錄，將其所謂「長夏江寺圖」第三卷和「江山小景圖」作一比較，得如下結論：

依據宋氏的着錄，他所謂的長夏江寺丙卷，共有下列五項特徵：一、雄峭幽邃，寫出江山之勝。二、以泥金作苔點。三、有董文敏跋。四、宋氏曾重加裝池。五、宋氏曾有跋尾。統計這五點的對勘，有四項完全符合，泥金苔點尤其是鐵證，只有宋氏跋尾是一項反證，但這反證，份量微弱，因爲很可能爲人割截用證贋鼎，而且不關畫件本身，其份量絕不能與泥金苔點相比。在故宮數千件的畫史資料中，泥金苔點就謭陋所知，只此一件，更增強我們的自信。所以歸納其結果，我試在此提出「江山小景」就是「長夏江寺」的一項說法，不知悉能邀得當世專學的同意否？當然，這是李唐畫的另一本長夏江寺，與有宋高宗題字的一本不是一回事。但是我們有理由相信，其構圖當是一樣的，不然，宋犖氏爲一代鑒賞名家，他不會把不相同之畫一例闌入長夏江卷名之下，也不會不把構圖差異之點詳細寫入畫跋中。【註一一】

李霖燦教授提出了這項重大的發現，我們就有必要對「長夏江寺卷」做一番考證，按「長夏江寺卷」的記載見於〈雲烟過眼錄〉中「宋宗室蘭坡趙能承與懃家藏」項下，李唐名下第一件就是「長夏江寺卷」。趙與懃曾於嘉熙間（一二三六—一二四〇）知臨安府，〈圖繪寶鑑〉曾稱其「臨古畫、莫能辨」，以筆者的尺度來看，今傳世李唐「采薇圖」恐係摹本，而「長夏江寺圖」亦曾爲趙氏舊識，當有摹本傳世，宋犖已見有三本傳世，而在「石渠寶笈」中亦有三本（包括江山小景），在續編二七〇七頁有如下記載：

是卷續入石渠寶笈者，雄渾秀潤，爲李唐眞蹟無疑。向題長夏江村。而所畫塔勢擁出，實是寺非村，因爲改題。考厲鶚〈南宋院畫錄〉載李唐長夏江寺圖。宋犖跋云：所見凡三卷。一爲劉魯所藏，上有宋高宗題云：李唐可比唐李思訓。一爲梁清標所藏無高宗題。一爲犖所自藏，以泥金點苔，與此卷比較皆不合，蓋另是一卷也。【註一二】由此可見「長夏江寺圖」至少有四本傳世，雖說古人作畫，每有佳作則屢爲之【註一三】，然而依歷代有關「長夏江寺圖」的著錄來看，則每本皆略有出入，如〈寶笈續編〉本所載「長夏江寺圖」：

本幅絹本，縱一尺七寸橫一丈八尺四寸。淺設色畫山水村市山田肩輿艤棹。密林中寺宇壯麗。一塔巋然露七級。卷尾江水瀰茫風帆無數。無名款。【註一四】

如此記載，則與故宮「江山小景圖」頗有出入，因此傳世諸卷僞作必不在少數。如僅就著錄推論，必無法知其眞僞，而對於李唐南渡後的風格也僅止於文字敍述。在此僅就「江山小景圖」畫幅本身作一考察。

「江山小景圖」一般公認爲李唐名下僅次於「萬壑松風圖」的名作。本幅著錄見〈石渠寶笈續編〉第三六二一—三六二三頁，〈故宮書畫錄〉卷四、第四三一—四三三頁。圖片可以在〈宋畫精華〉中册、第二九圖及〈故宮名畫三百種〉第三册、第九八圖看到。

一、章法

本幅爲長卷，繪「江山雲樹、界畫樓閣風帆」（語見故宮書畫錄）。畫幅下半爲谿壑密林，首尾以山徑貫穿，從畫面左方高聳的峯巒開始向下逐漸延伸，一直到右下角的江岸成爲一斜三角形。右上角有江岸遠峯，使得構圖得以平衡。自左端瀑布口始，一路有瀑布、山巒、谿壑、茅舍、松林、梵宇、竹棧，尙有點景人物點綴其間。山路由遠而近，復由近而遠，曲折幽深，蜿蜒的小徑令人感到谿壑的深邃。本幅如此濃密複雜的景緻却使人感覺繁而不亂，實因山徑的遠近曲折把山巒、谿壑之間的深入關係，安置的極爲巧妙，把山水畫「可以觀、可以居、可以遊」之境界發揮的淋漓盡致。

畫面上方爲廣濶的江面，僅數艘江帆點綴其上，這一大片空間正好和下方谿壑密林虛實相應。而左下方近處的水面在構圖上極爲重要，不但和上方的江面相互呼應，且使下半的畫面因此而透了氣。

本圖內容複雜，主題又多，人物、騾馬、溪橋、竹籬、茅舍、舟船等散佈全幅，似乎不是南宋初趨於簡易的風格。但就構圖而言，遠景之水波直接天際，約佔全幅一半面積；而前景直接絹底，不留虛處，又似乎不是北宋末的風格。全圖開濶曠遠，格局浩蕩，觀之令人心曠神怡，實爲罕見之大手筆，而竟名之爲「小景」，殊爲不當。

本圖雖爲手卷，但對於山巒、谿壑間的深度之描繪，與「萬壑松風圖」極似，二圖對自然的觀察是相同的，實係出自同一類型畫家的眼光。蓋一位畫家在經歷環境的變遷後，題材、筆墨、佈景等都可能改變，而畫家觀照自然的態度則很難改變。本圖與「萬壑松風圖」雖一爲軸、一爲卷，但屬出於同一類型的同一機杼之作。

二、筆墨

甲、山石：

本幅山石輪廓以中鋒出之，然有多處斷筆，筆法稍覺細碎，已無「萬壑松風圖」一筆到底的骨力，亦缺少停頓、轉折以及中鋒、側峯的交互運用。至於皴法，和斧劈皴毫無關連，主要是一種直線條，瘦勁方硬，或直或斜，或濃或淡，長短粗細亦不相同，把陡峻的山勢表露無遺。其實，像這樣的皴筆在圖中運用的並不多，而多以勾勒及染色來傳達山石的立體感。這種技法，正是北宋末以來小青綠山水的風格，和「萬壑松風圖」已有所不同。對一位崇尚寫實的畫家來說，生活環境改變後，面對的山石紋路不顯明，不再適合用斧劈皴來表達時，自然會以一種新的技法來替代。但其方硬勁挺的筆趣還是相同的；至於線條稍覺細碎、變化較少，則可能受地方畫風的影響，或因年事已高、筆勢稍弱所致。當然也可能不是同一人所作。另外本幅山石中有苔點，以泥金爲之則爲「萬壑松風圖」所無。

乙、樹叢：

本圖林木種類繁多、姿態生動，尤以雲影松針和「萬壑松風圖」遠山的松樹頗爲相似，但如仔細比較，仍有某些不同：

萬壑松風圖——松針大多平直，筆筆有力，較爲厚重、嚴肅，技幹內有苔點；松針著墨後以顏色再畫一次而非暈染，然仍以墨筆爲主。

江山小景圖——松葉多呈向上揚之弧線，較爲輕盈流暢，枝幹內不點苔；亦先用墨筆畫再用色筆重繪，然以色筆居多。在技法上，本圖顯然較「萬壑松風圖」爲晚。

丙、水泉：

本圖左下方有三道瀑布，以勁利的水勢衝入河中，雖亦以中鋒行之，但行筆不夠流暢生動，尤以瀑口與水面相接處，瀑布的線條和波浪的線條有重疊處，是本圖唯一的瑕疵。畫幅上方江面的水紋起伏如山、佈滿江面，全以中鋒繪之，看來比例與山石、舟船不能吻合，但遠觀却極見水勢。和「馬遠十二水圖」之一的「波蹙金風」相似，但用筆要比馬遠水圖平穩，此種水紋畫風實由「魚鱗紋」轉變而來。南宋初小册，如祝次仲「蒼磯淸越」、高宗「蓬窗睡起」的畫水均與本圖類似，不過技法上較本圖略遜一籌。水紋越遠則越淡，比例亦漸縮小，到畫幅上方與天際相接，終成一片空白，此皆合於北宋末或南宋初風格。

丁、設色：

本幅設色，大致和「萬壑松風圖」相同，以赭石為主、花青為輔，但明度較高、光彩耀人，尤以泥金點苔和粉綠點葉甚為奪目。惜因年代久遠，多已剝落，但昔日的金碧輝煌仍可想見，和李思訓的金碧山水確屬一系，這正是高宗所喜愛的，無怪乎高宗會說「李唐可比唐李思訓」。本幅筆墨設色大致和南宋初風格相類。與「萬壑松風圖」相比，自相同處觀之，則筆情墨趣實為一脈相承；自不同處觀之，則山石，林木等皆有改變，筆力亦覺較弱。

三、造形

本幅江山橫潤、氣象萬千。近處山石蒼潤、各種林木茂盛，遠處風帆隱現、水波連天，這種景緻在河南孟縣（李唐原籍）、或開封附近是看不到的。尤以畫幅左側有幾處形狀怪異的圓形洞穴，這種骷髏石惟錢塘及太湖多見。至於常綠針葉、潤葉樹叢、茂密的雜草和風帆皆屬南方景緻。

四、款印

本幅無作者款印。收藏印以「皇姊圖書」為最早。「石渠寶笈」及「故宮書畫錄」均稱之「又半印不可辨」，後為「宋畫精華」編者辨出為「皇姊圖書」印。在畫幅左上角稍下，原印經過移動，印邊四週有接補痕跡：彷彿是從別處移來。但印絹和畫絹的粗細和色澤完全一致，應屬同一匹絹。該印原應在左上角，可能是重裱時移下。按皇姊爲元魯國大長公主，收藏古書畫極富，藏品資料可見於袁桷奉大長公主敎所題各詩畫的書跋目，此詩目共有書畫四十件，其中並無李唐作品，而有蕭照「江山圖」一幅。本圖既有此印，其下限當在元代，然因皇姊大長公主所收元代書畫極少，除王振鵬、錢選等一、二人，餘皆宋代及五代以前作品，故本幅當可推至南宋。皇姊之後，本圖經董其昌（宗伯學士、董氏玄宰）、程正揆（正揆）及宋犖（其永寶用、商丘宋犖審定眞跡、緯蕭草堂畫記）先後收藏，宋氏之後不久就爲乾隆皇帝所得。

五、結論

本幅章法、構圖、筆墨設色、景物造形等皆適合置於南宋之初，而收藏印的下限亦可推至南宋，故置之於南宋初殆無疑問。本圖雖有小疵，如瀑口水泉之描繪，然縱觀全幅筆墨、氣勢俱佳，可概見畫家經營佈置、著意於筆墨之苦心，如爲南宋之仿本，實不能有此氣象。至於是否出於李唐筆下，卻又並沒有確鑿的證據足以判定。不過，本圖既與「長夏江寺」構圖相似，復爲宋室南渡後手卷、册頁中筆墨、氣勢極佳者，而南渡諸畫家據傳世作品觀之均不能有此水準。在缺乏有力的反證之前，不如暫時歸之於李唐。

傳世小册中如「坐石看雲」（册頁）、「奇峯萬木」（團扇）等筆墨俱佳，與此圖極似，可證當時畫風畫意均如此，因而此圖是否爲李唐所作更不可知。筆者以爲：「江山小景」筆墨俱佳，並無習氣，是爲初創之作，卽便非李唐所作，亦必爲與李唐同時且畫風相似之畫家所作，李唐身爲南渡第一大家，則其所作當更勝於「江山小景」。因此「江山小景」至少可視爲李唐風格轉變的下限。

第四節　從萬壑松風到江山小景

從「萬壑松風圖」與「江山小景卷」的轉變，代表了些什麼？（如果兩幅都是李唐所作）它代表着李唐由平民而至待詔（由樸厚到華麗）、由開封而至杭州（由山巒到水泉）、由北宋宣和四年而至南宋建炎年間（由巨碑到小景），所有人、事、時、地都有著極大的轉變，從兩圖之差異我們可以假設一個畫家在生活環境改變後，作品上會受到多少影響。試比較分析如下：

㈠•兩圖雖有卷、軸之不同，但對於自然景觀的觀察是採取同樣的態度，所以兩圖對於景物的深度和立體感之描寫極爲相似。由此可知人事雖變，畫家觀察自然的態度是少有改變的。

㈡•兩幅佈景雖一在北方、一在南方，但「萬壑松風圖」之頂部山阜與「江山小景圖」左邊山頭造形如出一轍，而山形之方勁，遠山之雲影松針，兩幅亦極類似。可知環境雖變，仍受以往的造形影響，在重新面對自然時，眼中所觀、筆下所繪都自然傾向以往熟知的造形。

(三)・兩幅畫法亦有相同之處。如遠松以橫劃繪松葉，皆先以墨筆寫之，復以色筆繪之，而非整塊暈染。足見畫家作畫通常有其一貫的技法。

(四)・「江山小景」對於山石，樹叢等之描繪，態度不像「萬壑松風」一般嚴肅，因此用筆較輕盈、筆勢較柔細。與「萬壑松風」之嚴謹相比，已有力不能逮的感覺，這或許是年事已高的影響吧！

(五)・「萬壑松風圖」用墨濃重而乾，江山小景雖墨色仍濃，但較濕潤，墨中含水較多，此實受江南富於水氣之影響。

(六)・「江山小景圖」設色明亮華麗，復以泥金點苔，與「萬壑松風圖」之深厚相比，愈顯光彩奪目。色彩極具裝飾性趣味。

由以上所述可知，當我們觀賞這兩幅畫時，感覺上有相似之處，但仔細比較之後，還是有很多的不同。這些不同，一方面因李唐年事已高及其身份地位的改變，另一方面則因地理景觀之變遷，而使作品風格有所改變。但兩幅畫風仍有許多相同、相似處，則是畫家個人之風格具有某種固定性的緣故。雖經人、事、時、地之改變，這種固定性仍會存在的。

第五節　日本京都高桐的山水軸

日本京都「高桐院」的二軸山水（見圖版十一）自從昭和二十五年五月（一九五〇）由島田修二郎教授經科學方法鑑定後發現了李唐的簽名，遂被認定爲李唐的眞蹟。這兩幅山水畫早在江戶時代早期（約一六〇六以後，卽明神宗以後）就從中國流傳至日本，過去數百年來均被誤爲吳道子作品，但經過紅外線照相後，在右幅中央的樹梢間發現了李唐的簽名，因此成爲國內外藝術史界公認李唐現存最主要的作品之一。這兩幅畫經與故宮「清溪漁隱卷」兩相對照後，畫史所稱李唐是馬夏風格的啓導者，爲大斧劈皴的開創者的說法遂得到了印證。其後，這兩幅畫又經班宗華先生發現原應爲一幅，是後來被分割成二張的【註一五】由於這兩幅畫在日本，只能在鈴木敬教授所編（中國水墨大系）叢書「李唐、馬遠、夏珪」一書中見到較清楚的圖片及鈴木敬的專文。這二軸山水有如下特色：

一、構圖

一般而言，南宋院體山水畫，所描繪的景境比較狹小，故有所謂「馬一角」、「夏半邊」之稱。因爲他們的畫中實際的景物很少，畫面空處較多，大部分均留白。這和北宋以高遠，平遠形式來儘量畫出廣大深厚之空間的山水畫是相對的。而高桐院之二幅山水，畫面的大部份塞滿了山石、樹叢、水泉等景物，它的視點較近而却能利用水泉來推遠空間，其構圖意念並不簡單。這二張畫除了右幅遠山外幾乎沒有空虛部分，而且在遠山之下沒有利用大量雲烟來表現空間的無限推遠，這些和馬夏的邊角山水也極爲不同。

由於「高桐院山水」並沒有邊角取景的傾向，所以它是在馬夏山水樣式成立之前的作品，應屬南宋水墨蒼勁山水的早期風格。如和「萬壑松風」及「江山小景」相比，風格實在完全不同，無法相提並無。由於二幅畫合而爲一，主山幾乎還是在中央，如此則仍有「巨碑式山水」之餘意。關於這一點，目前尚不能做肯定的判斷。因爲從畫面來看，兩幅極可能都被截去了一部分，尤其是左幅的左邊，筆者猜想「高桐院山水」原來可能是四聯幅屛風。在時代上可推至北宋或南宋初。

二、筆墨

甲、山石：

兩幅山石皴法甚爲奪目，左幅主山之上的皴法可以大斧劈皴稱之，勁利的線條自山峯向左下斜切，濃淡長短略有不同。而瀑布附近山石的皴法把明暗面表達的極佳，它利用濃墨濕筆皴出陰暗面，而以留白渴筆皴出明亮面。這種皴法感覺上十分古樸，形態並沒有形式化的傾向，和一般所謂的斧劈皴實不相同。本幅山石之輪廓幾乎不用線條勾勒，和「江山小景」大不相同。而代之以大大小小各式各樣不同的皴擦及暈染形成山石之立體感，筆勢雖粗放但濃淡乾濕的變化還是很微妙，可見在作畫時態度極爲謹愼，再看右幅下邊岩石，在一塊石頭上有大斧劈、小斧劈，有乾筆也有濕筆，濃淡變化亦不相同，行筆方向亦不一致，顯然畫家盡了一切方法，來形容大自然的面貌，它給我們的感受是穩定而豐富，當屬風格初創時期的作品，和馬夏皴法之成爲形式化大不相同。

嚴格說來，兩幅皴法只有少部分是大斧劈，尙有部分小斧劈及介於兩者之間無以名之的筆法，在運用上是應實際需要而做自由的混用。這與南宋中期以後慣以直擦的大斧劈皴來作畫，不論前後、遠近概以一種筆法出之的態度大不相同。一爲早期開發時期務求曲盡形容而後已，一已定型。

乙、樹叢：

高桐院山水軸左幅與右幅的樹在結構、筆法上都不相同。茲比較如下：

右幅—本幅樹木柔和彎曲，樹身呈現各種不同角度的傾斜，極富變化、生動而且具有十分客觀寫實的精神。樹根露出，強而有力的紮於土石之上。細觀用筆，謹愼而富於變化，樹幹內之皴紋及墨色亦有粗細深淺之不同，是極爲成功的描寫。

左幅—本幅樹木株株臃腫，已是一種僵化的形式。樹枝生長姿態千篇一律、毫無生趣，不合透視，也不合乎生長原則，尤以樹根爲最。就右下角的一顆樹而論，上端的枝椏以枯筆作飛白寫出，這樣的畫法是不可能早至南宋初的，很可能要晚到元代以後。本幅用筆草率而無變化，樹幹內並無皴紋，只以水墨略爲暈染，實無法表現樹身之立體感。

根據前面所述，我們可以察覺，左幅的樹木在感覺上、筆墨上均與畫中之山石無法配合；而右幅的樹木和山石是很配合的，感覺上也是渾然一體的。所以，左幅的樹應該是經後人補過或是後人加上去的。

丙、水泉：

觀宋人畫水泉，尤其是北宋，他們是以「靜觀」的方式觀察水泉，而將所得的印象以簡練流暢的造形與線條表現出水的「勢」與水的「質」。故皆以中鋒圓筆的鐵線描出，行筆速度較慢而穩定。而時代越後，尤其是南宋，行筆速度漸快，追求的趣味也漸有不同。因此有各種筆法出現，如馬和之用蘭葉描，馬遠「十二水圖」使用強烈的顫筆，劉松年「羅漢圖」（中軸）用行雲流水描等。大致而言，南宋的筆法趨向以粗放遒勁、充滿生命力的筆勢來勾畫出流水的動勢及水的「形」和「態」。本幅之水泉卽有此類傾向，瀑布的線條斷斷續續，用筆極多。此種畫法顯然是要加強水泉的流動感。而下方水紋有如一根根鐵釘於河面上跳動，頗能傳達出波浪起伏之勢。此種畫法、此種筆勢在趣味上是不類北宋的，然因這兩幅水泉畫法在所有中國山水畫中找不到相似的另一幅，所以它的確切時代難以確定。但可以肯定的是，本幅絕不屬於李唐。因爲「萬壑松風圖」、「江山小景圖」的水泉畫法和「高桐院山水」對水泉觀察的態度完全不同。一爲靜觀其本質而以簡練的形式表之；一爲形式的追求，而以較複雜的技法來傳達，一個畫家的「觀物」態度不可能有這樣兩極的差異。這不應該是出於中原系統的畫家所作。

丁、墨色：

本幅爲水墨畫，無設色，和南宋初青綠小景畫風及李唐「萬壑松風圖」與「江山小景圖」均不相類。

綜觀兩圖筆墨，撇開左圖的樹不談，則兩幅墨色均極古雅、層次豐富，在時間上來說，應該是水墨蒼勁畫風的早期作品，至於是不是李唐的作品，若以「萬壑松風」和「江山小景」來比較，則答案更是否定的，它絕不會是「可比李思訓」的李唐風格。

三、名款

本幅有款，在右幅中央樹梢旁有「李唐畫」三字，高桐院山水軸之所以爲世所公認，卽因名款之被發現、確定。但筆者以爲仍有數處値得商榷。

甲、宋人題款的形式約可分三類。一種是極爲恭敬的寫法。如「江行初雪、畫苑學生趙幹狀」、「嘉祐辛丑崔白筆」、「翰林待詔燕文貴筆」等，李唐「萬壑松風圖」名款亦屬此類。另一種是畫院畫家呈畫時所用。因一般畫院畫家風格都爲皇帝所熟知，故往往不署名，有少數署款則皆作「臣馬麟」、「臣李廸」或有作某某「進」者。還有一種署款方式卽只書本人姓名，這也是最普遍的一種，如「蕭照」、「馬遠」、「閻次本」、「李嵩」等。而高桐院山水之李唐款爲「李唐畫」，這種用法在宋代書畫中實在少見。如果寫「建炎待詔李唐畫」或「李唐」可以，唯獨「李唐畫」似乎不夠謙虛，且和宋人署款之方式不合。

乙、島田修二郎教授認爲本圖落款位置十分機智，非畫家本人不會如此。按宋人落款位置多在隱蔽處，如岩石上或樹幹中不明顯的地方，以免破壞畫面。本幅落款在樹梢旁，背後遠山墨色極淡、毫不隱蔽，若非墨色脫落，一眼卽可看出。有何機智之處，實在令人費解。

丙、本圖李唐署款已模糊不清，因有墨色流落的痕跡，顯示曾經有人將名款洗落。以肉眼辨之，勉強可認出「李」、「畫」兩字殘存的輪廓，而本幅其他部分墨色保存良好，清晰可見、完整如一，何以惟獨名款被洗落而模糊不清？以李唐在南宋以後名氣之大，造其假畫惟恐不及，絕無將其名款刮掉洗脫之理由。

綜觀上述各點，筆者以爲，「高桐院山水軸」之李唐名款必係爲作。唯有將名款墨色洗落之後才會有年代已久、墨已剝落的感覺，如此或能取信於世，但並不合理。

四、結論

綜合前述，高桐院之山水軸畫風古樸，從筆墨、構圖等觀之，實可視爲南宋水墨蒼勁之先導，成畫年代可推至北宋末或南宋初，不見得比「江山小景圖」圖晚，但本幅絕非李唐所作。至於確定的創作者，則仍有待考證。

第六節　從萬壑松風到高桐院山水軸

畫史上將李唐列爲南宋四大家之首，認爲他是大斧劈風格的創始者，是馬夏的啓導者，是南宋山水畫的宗師。前節筆者已對高桐院之兩幅山水軸做了一番考察，斷定它不屬於李唐。那麼，李唐山水畫究竟有沒有大斧劈、水墨蒼勁的風格呢？答案仍是否定的。在此，筆者就「萬壑松風圖」到「江山小景圖」（假設是李唐所畫）的轉變和「高桐院山水」做一比較，提出五點疑問。（萬壑松風至江山小景的轉變，見於第四節，此略。）

㈠・李唐於建炎元年南渡（一一二七），就算他在同年復職於畫院後畫了「江山小景卷」，此時他已八十歲，距離他完成「萬壑松風圖」（一一二四）約有三年的時光，而距離現今大家公認的李唐卒年——建炎四年（一一三〇）——亦僅三年。在如此短的時間內，在即將辭世歸道的暮年，李唐可能再從「江山小景卷」的富麗古雅轉變爲「高桐院山水軸」那樣完全不同的風格嗎？這是時間上的疑問。

㈡・李唐身爲畫院的領導者，復以青綠畫風得高宗之雅愛，在獲得畫院最高地位之後，他可能脫離時代風格、背離君王之所好而進行水墨大斧劈山水的創作嗎？這是時代風格上的疑問。

㈢・南方與北方的地理景觀大不相同，一是「杏花春雨江南」，一是「秋風駿馬塞北」，故南北方畫風自古有別。李唐由北方到南方後，也許受到錢塘地理環境之影響，筆墨、皴法、佈景皆有所改變，但此種改變僅在南渡之初較爲明顯。自「江山小景」之後，李唐的地理環境未再改變，他可能在同一地域作出另一種截然不同的風格嗎？這是地理環境上的疑問。

㈣・畫家之個人風格雖經時、地之變化，仍能保有相當的穩定性，亦即畫家之個人風格具有某種固定性。所以李唐至江南後，「江山小景圖」仍然保有李唐在北宋晚期的某些特點。以此推論，此後三年李唐的風格大致上應保有「江山小景圖」的特色。此種畫家個人風格的固定性，會在短短三年間消失嗎？此乃個人風格上的疑問。

(五)・考諸史籍，比李唐稍晚之畫院畫家，如蕭照、劉宗古、賈師古、張訓禮、張浹等【註一六】，甚或孝宗朝的閻次平【註一七】等知名的畫家均無所謂的水墨蒼勁或大斧劈皴畫風。而畫史却傳李唐入南宋後筆法與構圖均有很大的改變，構圖改爲邊角取景，用筆改爲大斧劈皴。難道說，李唐身爲畫院領導人而有此種風格產生，居然沒有影響當時及稍晚的畫家？此種風格可能跨越當代而由馬、夏繼承嗎？

綜合前述，在此暫且做個結論：

李唐由雄渾峻拔的北方來到四時常變、充滿水氣的江南，這種地理環境的變遷，加以人、事、年歲之變化，對於他的山水畫風當然有所影響而使之改變，這一點，細觀「江山小景圖」之有別於「萬壑松風圖」就是明證。即使我們假設李唐自「江山小景」完成後畫風又有了改變，但這種改變因著時間、年齡、地位、時代風氣、個人風格之固定性等因素之限制，幅度亦不致太大。加以史料的考察，筆者以爲李唐畫風之變，絕不致如後世所傳的，謂李唐於南渡後風格大變。因此，「高桐院山水軸」根本不屬李唐的風格，因李唐的風格中絕無像馬、夏一般的水墨蒼勁之大斧劈畫風。

關於「高桐院」的兩幅山水軸，由於類似的作品我們所知太少，所見更少，所以很難求證於史實，以得到更可信的結論。但是，筆者在此仍試圖對「高桐院山水軸」提出一個較合理的論斷——在北宋末，中國山水畫在風格上和技巧上早已發展出相當複雜的形式，而且一直不斷地相互融合，並朝著各種新方向去探索。此一時期在江浙一帶的地方畫家已蘊育出一種新的畫風。他們自有其發展的系統，但在北宋末和南宋初盛行之小青綠畫風的籠罩下，這種風格並沒有受到重視。直到宋室在南方發展數十年之後，北方山水畫勢力漸漸消失，此種地方畫風才漸漸成為主流。馬夏大斧劈皴山水就是此種風格盛極一時的代表者，而「高桐院山水軸」正是此種畫風的早期作品，至於多早，則至少可推至南宋初。

第七節　傳爲李唐的山水畫

除了「萬壑松風圖」、「江山小景圖」及「高桐院山水軸」外，現今傳爲李唐之山水畫至少有二十餘幅。本文僅就筆者謭陋所及，除定名爲李唐外，其他在范寬或燕文貴名下而與本文論旨有關者，亦一併列入研討範圍。但是這些畫，筆者均無緣親見原圖，大部分僅從故宮博物院資料室之縮印圖片中窺其大略。對於筆墨設色只能憑感覺做大概的判斷；至於款印、質地根本無從印證，亦只是憑其粗略的造形做一推論而已。而這樣的推論，恐難免有斷章取義之嫌，然而經筆者再三的研考，或許也有一愚之得，故仍簡述於後，以待方家的指正。

一、清溪漁隱卷

故宮博物院所藏李唐「清溪漁隱圖」（見圖版十二），其知名度原不在「江山小景圖」及「高桐院山水軸」之下，而此幅之筆墨章法亦被世人視為李唐開南宋水墨畫風之先河的最佳明證。這幅畫的着錄可見於〔故宮書畫錄〕卷四、第四四頁，圖片可以在〔故宮名畫三百種〕第三册、九六圖看到。

甲、章法：

本幅畫面重心偏於左半部，畫家的立足點與實景之間距離十分接近，以平視取景，上不留天、下不留地，景界顯得特別狹小、侷促。章法雖屬南宋，然與馬遠、夏珪並不相似。

乙、筆墨：

本幅山石大部分是側筆橫刷的斧劈皴，筆筆相似，已進入形式化的表達，可說是典型之拖泥帶水的大斧劈皴，用筆呆板而無變化，又過於鋒利。感覺上，太過乾淨而不夠渾厚。至於樹木、水紋、人物、水榭之表達，亦如出一轍，光潔而薄弱無力，由房子與前面小石間的水紋之不自然，即可窺知一般。整幅說來，水的運用似乎太多，處處追求水墨融合的趣味，但因運用得過於概念化，以致明快有餘而蒼鬱不足。和「高桐院山水軸」之淳古相比，時代上要晚很多。

丙、造形：

本幅山石造形雖以鋒利之斧劈皴表之，卻沒有方硬之質感，感覺上是土而不是石，尤以水中大石，軟似麪包。可見其山石之分面沒有依照自然現象來表達，其筆墨和形體是分離的。樹叢的表達亦極公式化，生長姿態極不自然，樹幹臃腫、樹根虛浮，可謂形神俱失矣。

這幅畫給我們的感覺是浮而不實的，我們無法將這幅畫和「江山小景圖」相比。若與「高桐院山水軸」相比，筆墨、造形亦相去甚遠；在時間上，不但不能與之並列，它甚至不能到馬、夏，我們怎能將它列於李唐名下？以這樣一幅畫作爲南宋水墨蒼勁畫風的開始，不但降低了李唐的藝術成就，也是畫史上一項嚴重的錯誤。此幅雖有宋高宗藏印（乃圖片所見，無法考其眞僞），以及項元汴、文三橋諸大家的收藏印，即令這些均爲眞印，但假畫眞印在古畫中並不少見，我們豈能以補助的條件來推翻主要的條件？無論如何，這幅畫絕非李唐之風格，和李唐實在是毫不相干的。

二、秋林飛瀑圖

傳爲范寬的「秋林飛瀑圖」（見圖版十三），在喜龍仁的［中國繪畫］一書中被置於李唐名下。這幅畫和「萬壑松風圖」一樣，亦爲巨軸；雖然不是中峯頂立，但由筆墨、造形看來，很像是屬於李唐畫風的作品。只因爲山頂上生有雜樹、通體剛勁堅凝，遂被移置於范寬名下。其實筆墨、構圖都與范寬相去甚遠。據李霖燦教授在「范寬畫跡研究」〔註一八〕一文中將此畫斷爲南宋，時間則在蕭照左右或更晚。本圖著錄見於〈故宮書畫錄〉卷五、第四一頁，圖片可見於「宋畫精華」上册、第一八、一九圖及〈故宮名畫三百種〉第二册、六八頁。

甲、章法：

通幅構圖，重心略向左傾，和北宋中峯頂立式構圖不同，和南宋蕭照的重心全在左邊亦大異其趣。雖爲巨軸，然格局不夠開濶，透視和空間處理相距「萬壑松風圖」甚遠。尤其是前景大樹及瀑布和中景山巒間的距離無法推遠，且主山有向前傾倒的感覺，若非一條比例極小、曲折蜿蜒的山路迂迴於山腰間，則主山之空間感與立體感將無法顯出。另外，山徑、瀑布、房舍、遠景之間的比例不能協調。右側遠山與左側遠山差距過大，似不在同一地平線上，這在北宋崇尚寫實的巨碑式山水畫中是不該有的。所以就本圖的章法來說，不是北宋的作品，但是和南宋小青綠山水及水墨畫風亦不類。

乙、筆墨：

本幅山石有大斧劈、小斧劈，亦有許多釘頭鼠尾狀之皴筆。感覺上大致和「萬壑松風圖」相似，細觀之則混亂而無章法；而且斧劈皴已定型，大部分皴筆和實體不能結合，使用筆失去意義，有很濃的模仿痕跡，絕非北宋大家手筆。山石與樹木之勾勒皆粗重，但不夠有力、缺少變化。水紋的綫條瑣碎而無眞實感，瀑布與流水的綫條有多處重疊，顯然對水泉的觀察不夠深入，此非北宋人觀泉的態度。本幅墨色亦稱濃重，並無水墨融合的用法，當非南宋時作品，而設色作整面的染，和「萬壑松風圖」不同，故年代一久，整幅一片昏暗。

丙、造形：

本幅山石方剛勁峭，一望即知必屬關、陝一帶山景，故與「谿山行旅圖」、「萬壑松風圖」頗多相似之處。斧劈皴之運用，和李唐多少有些相似，而山頂上的小樹叢和「谿山行旅圖」又很相像，故以往將之歸於范寬名下。

這幅畫遠望之雖極爲雄偉，近觀之則章法、筆墨皆弱。根據李霖燦教授「山水畫中點景人物之研究」〔註一九〕一文中所述，此幅左下角的人物畫法，在時間上屬於北宋以後。若我們再從筆墨皴法等觀之，則模仿的痕跡非常明顯，必屬「谿山行旅圖」和「萬壑松風圖」以後之作品，所以它的成畫時代必在北宋以後。本幅畫風和范寬、李唐相去甚遠，根本不能相題並論。若與蕭照的「山腰樓觀圖」相比，皴法上亦極爲不同。「山腰樓觀圖」的皴法大多爲臥筆橫擦、又粗又寬。因此，這幅畫亦非蕭照所作。考諸畫史，和蕭照同時或稍晚的畫院畫家中，並沒有確切的資料顯示有任何一位畫家屬於此種風格。事實上，本幅之章法、筆墨、造形等均和南宋山水畫大不相同。因此，此幅亦非南宋之作。

綜合上述，本幅既不屬於北宋、也不屬於南宋；但佈景造形既為北地景色，而技法又來自范寬、李唐，當屬北方畫家所作。據此推測，這幅畫必屬北宋滅亡以後北方的金畫。筆者以為，范寬、李唐一系的地方畫風，在北宋滅亡後應仍有畫家繼續承襲此種畫風，所以此幅應屬此一畫系之金朝畫家所繪。今天許多無款的宋畫亦有很多可能是金畫，如果我們總想將這些畫硬歸入北宋或南宋畫家名下，是很勉強而不合理的。

三、坐石看雲冊

本幅（見圖版十四）為「故宮書畫錄」卷六、第二〇三頁「藝苑藏眞」冊中之第十幅。絹本，設色畫，縱二七、七公分，橫三〇公分，為標準之小册。

本幅描寫瀑布、松巖之下，二人坐石濯足於清溪，頗有王維詩「行到水窮處，坐看雲起時」之趣。本幅重心雖在右側，然空虛處極少，畫風古雅精謹，筆墨細緻洗練，極近李唐「江山小景卷」。特別是山石皴法，尤以其中有類似骷髏皴者和「江山小景卷」極似，而樹木的畫法及色彩暈染亦頗為相近。另外，中景主山松樹與遠景之間的距離以一朵白雲襯出而不以煙霧朦朧來表現，和「萬壑松風圖」相類。比較不同的是本圖水紋為流暢的行雲流水描。

像「坐石看雲」這樣精密細緻的作風，在宋代小册中實在算得上第一流的。而其時代應與「江山小景卷」差不多同時，至於是否爲李唐手筆，則難以斷言。雖然筆墨、造形均很相似，但就整幅畫的趣味來說，「江山小景卷」較爲樸茂，而本圖較爲精緻細密。如果此種不同是因畫幅大小而有所改變的話，那麼此幅暫歸之於李唐是可以接受的。

四、奇峯萬木頁

本幅（見圖版十五）爲〔故宮書畫錄〕卷六、二一〇頁〔宋人合璧〕册中之一開，圖片可在〔宋畫精華〕上册、第三四頁看到。本幅舊標爲燕文貴名下，而鈴木敬教授在〔李唐、馬遠、夏珪〕一書中將其標爲李唐。本幅爲絹本，設色畫，縱二六、七公分，橫二八公分。

本幅描寫一高山上之山巔與樹叢，以及無數遠山露於雲霧之上。本幅重心在下部，留白之處甚多。無論畫山、畫樹之筆法與設色均與〔江山小景卷〕極爲接近，細察之則本幅皴法比〔江山小景卷〕細緻，而樹木枝幹與樹葉之用筆均較〔江山小景卷〕稍爲柔和。本幅爲屬於李唐風格的宋畫是不錯的，鈴木敬教授將其改定爲李唐，可謂極有見地；但是否眞爲李唐所繪，則是難以斷定的。

五、仙巖採藥頁

本幅（見圖版十六）爲〔故宮書畫錄〕卷六、第一八四頁〔名繪集珍〕册第七幅。絹本，設色畫，縱二二・四公分，橫二三・八公分。本幅描寫一山人肩挑葫蘆，循小徑走向幽深之密林。全幅除左上一角外皆爲實景。樹幹勾勒有輕重之分，其粗細、濃淡、轉折、停頓極富變化。葉形遠看渾沌一片，實則有圓形、三角形、介字形等不同之變化，層次分明，於茂密中絲毫不亂而有條理。人物則筆法簡鍊，行筆緩而不滯，無一般南宋人物快速鋒利的線條。此幅水準和風格似可以推至南宋初，但可供考察的僅有樹和人，因此是否爲李唐所作實無法斷定。

六、大江浮玉頁

本幅（見圖版十七）爲〔故宮書畫錄〕卷六、第二一七頁〔集古名繪〕中第九幅，著錄可見於〔石渠寶笈〕三編，第三六五〇頁，圖片可見於〔宋畫精華〕上册、第三五圖。絹本，淺設色畫，縱二〇・八公分，橫二二・二公分。本幅描寫江海中一島嶼突起，上有樹木、廟宇、塔寺等，林林總總、頗爲繁複細碎。而左右亦有數嶼立於江中，前景寫兩船泊於江岸，兩人正將上船，右有二丘高起，一有瓦屋、一有枯木。全幅虛多實少，而在這麼小的篇幅內畫了太多的景物，結構零碎。細察筆墨，似與早春圖之〔卷雲皴〕接近，應爲李郭派畫家所作。縱觀全幅，章法、筆墨、均極古樸，應可推至北宋末，但和李唐是毫不相干的。

七、四時山水册

山水册共四幅，然而尺寸、風格均不相屬。著錄可見於〔石渠寶笈〕三篇、第一四七六頁及〔故宮書畫錄〕卷六、第九〇頁；圖片則第一幅可見於〔宋畫精華〕上册、第五三圖，及〔故宮名畫集〕第四册可見全部四幅。

第一幅籤題「梅齋罨翠」（見圖版十八），絹本，設色畫，縱八公分，橫二六・五公分。左側寫一村落，村民多人正在溪岸寒喧，右角有一山洞，其下有一人在扁舟旁，所繪似爲桃花源故事。本幅除右下溪水爲空白外，餘皆實景，然因墨色濃淡的巧妙變化，把前後空間距離處理得非常好，顯得一點也不擁塞。而筆勢細微精緻，技法成熟，時代當在「江山小景卷」之後，但亦屬南宋初期小青綠畫風。

第二幅「荷閣浮香」（見圖版十九）、第三幅「巖樹蒸霞」（見圖版二十）、第四幅「江舟釣雪」（見圖版二十一），皆爲明人荒謬之僞作，與李唐無關。

八、煙嵐蕭寺軸

本幅（見圖版二十二）著錄見〔故宮書畫錄〕卷五、第六七頁，圖片見於〔故宮名畫集〕廿四册。絹本，水墨畫，縱五一公分，橫四九・五公分。此幅筆墨、造形均與李唐無關。若能及宋，則屬江參一派；若「司印」爲僞作【註二〇】，亦有可能在明以後。總之，這幅畫對李唐風格的探討是毫無價値的。

九、畫雪景軸

本幅（見圖版二十三）著錄見〔故宮書畫錄〕卷五、第六八頁，絹本，水墨畫，縱一九七・二公分，橫一〇七・一公分。圖片似未曾在台發表，在艾瑞慈教授所著「李唐的山水畫」一文中可見。本幅主體由數塊高聳的山岩構成，且皆爲冰雪覆蓋，副體則有亭閣、水榭、小橋、人物和網狀形的水紋；主體均偏於左側，右側爲溪水和遠山。本幅山岩全以斧劈皴構成，筆勢方勁強烈，行筆並不快速。樹木的畫法有宋人筆意，而溪橋、水紋等均有古拙之趣。惜通幅筆法變化較少、略嫌呆板，且用水較多。而佈景亦有堆砌之嫌，似非寫實之作。此幅筆墨略似李唐，乃意擬李唐風格之作，時代可晚至明。

十、雪江圖

本幅（見圖版二十四）著錄見〔故宮書畫錄〕卷五、第六八頁，圖片可見於〔故宮名畫三百種〕第三册、第九七頁。絹本，水墨畫，縱一〇二公分，橫四七・三公分。本幅構圖呈「之」字形，皴法雖亦用斧劈，但全幅綫條光潔、筆勢柔弱，雖有「李唐作」之名款，但筆墨章法均與李唐相去甚遠；時代應在元之後，或可晚至明。因有董其昌題，故爲李唐仿本中較著名的一幅。

十一、竹閣廷賓頁

本幅（見圖版二十五）爲「故宮書畫錄」卷六、第二〇一頁「唐宋元畫集錦」之第八幅，圖片未曾在台發表。本幅山石爲披麻皴，樹葉之介字點亦頗成熟，乃明人習盛茂一路的風格，和李唐毫不相干，無參考價値。

十二、關山行旅圖

本幅（見圖版二十六）爲（故宮書畫錄）卷六、第二〇六頁，圖片未曾在台發表。本幅筆墨粗俗呆滯，一看即知明人僞作，而且爲水準較低者。此幅著錄雖載於「寶繪錄」，有俞和、吳鎭、文徵明等爲之題跋，更題示其爲僞作而已。

十三、策杖探海册

本幅（見圖版二十七）爲（故宮書畫錄）卷六、第二一〇頁（宋人人合璧畫册）之第五幅，圖片未曾在台發表。本幅爲「故宮書畫錄」正目中李唐名下水準最差的一幅，俗不可耐，爲明代習馬家山水之匠人所作，不値一提。

十四、其他故宮李唐山水畫

故宮所藏李唐山水畫，在簡目中尙有「秋江待渡軸」、「秋溪漁隱卷」、「松壑流泉卷」、「江千蕭寺」（集合名繪之一）、「山水册頁」（唐宋元明四朝合璧册之七）、「萬清濯足册」（唐宋元明集繪之十四）、「松谿勝覽册」（名繪集珍之三），這些畫無論筆墨造形勞與李唐相去甚遠。

即令有名款者，如「建炎二年、歲次戊申仲春、希古李唐製」，更足以證明其爲僞作。乃係元明人所作，與李唐毫不相涉，均無參考價值。

十五、海外的李唐山水畫

目前在海外的李唐山水畫，就筆者所知，在日本除了「高桐院」的兩幅山水軸外，尚有「蜀棧圖」（小川睦之輔氏藏、圖片見縮印本名畫大觀）及「水莊琴棋圖」（山本悌二郎藏、圖片見唐宋元明名畫續足本）。前者略近李唐風格，但應在賈師古、閻次平等之後，約和馬夏同時，是不可能早至李唐的。後者則和李唐風格仍有一段距離。兩幅均不能爲世所公認，沒有什麼研究價值。

現今在美國的李唐畫，有「四時山水册」、「畫山水卷」和「觀瀑圖團扇」，三幅均爲顧洛阜氏所藏。以「觀瀑圖」最早，可以至南宋中期，「畫山水卷」則疑爲吳偉等明代大家所繪，「四時山水册」之水準稍低，亦爲明畫。另在鈴木敬所編「海外所在中國繪畫目錄」中佛利爾美術館亦有一幅「山水圖册頁」，但未經學術界所確認，亦無研究價值。

十六、淪陷中國大陸的李唐山水畫

「長夏江寺卷」應該是李唐名下最着名的作品，惜歷代造假者太多，眞本已不可尋。北平故宮藏本據喜龍仁在「中國繪畫」一書中提及此畫「甚爲破碎」、「色彩灰黯」、「但有簽名」。

依喜龍仁所述，我們大概可以推知北平故宮藏本亦非當初高宗題「李唐可比唐李思訓」的原本。（此圖現已收錄在〔中國美術全集〕中，確實是難以辨認。）東北博物館尙有「天台圖卷」、「譚道圖卷」，這些畫均不得歸於李唐。

第八節　結論

米芾在畫史曾說：

「今人以無名命爲有名，不可勝數。故諺云：牛即戴嵩，馬即韓幹，鶴即杜荀，象即章得也。」【註三一】

又曰：「大抵畫，今時人眼生著，即以古人向上名差配之，似者即以正名差配之……。」【註三二】

由是足見古畫鑑別之困難。實因僞造、依託、模仿、附會等情形自古即盛，尤其李唐是畫史上之大家，歸於其名下的作品也就特別多，由福開森〔中國歷代著錄畫目〕中所列李唐畫竟有三百餘幅可以想見。今筆者所知李唐傳世山水畫僅二十餘幅，圖片所見約二十幅，而眞正親睹的只有「萬壑松風圖」和「江山小景卷」。究竟這些畫蹟是眞是假，筆者所作的論斷僅是粗淺的推論而已。現今我們所知的李唐山水畫中，嚴格說來，眞正確鑿可靠的只有「萬壑松風圖」，「江山小景圖」雖可信度極高，但究竟是不是李唐所作則難以斷言。不過它能被視爲李唐風格轉變到某一種程度的代表，已經是很大的收穫了。

畢竟眞假不是我們研究李唐山水畫的目的，那只是幫助我們確定李唐風格的一種手段。自南宋以後，由於著錄之妄加論斷、混淆不清，以致李唐的畫風沒有一個較可靠的論斷標準。而董其昌、項墨林等大家，雖負精鑑之名，然去古已遠，對李唐的認識亦不甚清晰，尤其與小青綠山水及馬夏風格混淆難分。所以今天李唐名下的作品才會林林總總、形形色色。本章就此略作闡述，希望能對李唐傳世之山水畫有一個較清晰的概念，以做我們探討李唐山水畫風在畫史上之地位的佐證。

註釋

註一：日人古原宏申教授曾作此論。

註二：見鄧椿撰〈畫繼〉，文收〈畫史叢書〉第一冊，文史哲出版社，卷六，第三二〇頁。

註三：見都穆撰〈鐵網珊瑚〉中〈李唐長江兩霽圖跋〉，文收〈南宋院畫錄〉，文史哲出版社，卷二，第一五頁。

註四：見張泰階〈寶繪錄〉中〈李晞古關山行旅圖劍閣賦〉，文收〈南宋院畫錄〉，文史哲出版社，卷二，第一八頁。

註五：見饒自然撰〈山水家法〉，文收〈南宋院畫錄〉，文史哲出版社，卷二，第七頁。

註六：見江兆申著〈雙谿讀畫隨筆〉，國立故宮博物院，第一〇七—一〇九頁。

註七：見韓拙撰〈山水純全集〉，文收〈美術叢書〉四集第十輯，藝文印書館，卷四，第二一五頁。

註八：見李霖燦著〈中國名畫研究〉上冊，藝文印書館，第四五頁。

註九：見莊申著〈故宮書畫所見明代半官印考〉，文收〈中國畫史研究續集〉，正中書局，第二七—二九頁。

註一〇：同註八，第一〇七—一一七頁。

註一一：同註八，第一一四頁。

註一二：見〔石渠寶笈續編〕，第二七〇七頁。

註十三：同註十二。

註十四：同註十二，第二七〇六頁。

註十五：此一說法，係曾堉教授於六十九年告知筆者，亦可見於〔中國古代繪畫名品〕，五四頁，雄獅圖書。

註十六：見夏文彥撰〔圖繪寶鑑〕，文收〔美術叢刊〕第二輯，中華叢書編審委員會，卷四，蕭照、劉宗吉、賈師古、張訓禮、張浹等條。

註十七：同註十六，見閻次平條。

註十八：見李霖燦著〔中國畫史研究論集〕，商務印書館，第一八〇頁。

註十九：見〔故宮季刊〕第十三卷五第二期，故宮博物院，第四〇頁。

註二〇：同註九，第二九頁。

註二一：見米芾撰〔畫史〕，文收美術叢書二集第九輯，藝文印書館，第十頁。

註二二：同註二一，第二七頁。

第四章 李唐在山水畫史中地位之分析

第一節 由歷代文獻看李唐在山水畫史中的地位

歷代畫史著錄中凡記載有李唐者，共百餘條，而其中僞畫或題畫詩跋約一半，而阿諛奉承的文字又去一半，眞正能對李唐地位作客觀論斷者所剩無幾，我們也只能從這些有限而較客觀的評論中了解歷代畫史給予李唐山水畫什麼樣的評價，然後才能進一步了解李唐山水畫在畫史中佔了什麼樣的地位。故以下所摘引節錄之史料均爲較具代表性者。

一、北宋時無任何評價。

歷代畫史均不述李唐山水畫在北宋時的地位，足證李唐在北宋時沒有顯著的名聲；在北宋的著錄中，我們也找不到任何有關其山水畫的記載，但是這並不能表示他的畫風對當代或後代毫無影響、毫無價值。特別是在北宋亡後，關陝地區的畫家當有承襲其畫風的，傳爲范寬的「秋林飛瀑圖」就可能是金代畫家中受到李唐風格影響的畫家所作。如果我們明瞭當時的歷史背景和藝術史發展的趨勢，當知此一時期山水畫風之主流仍然是北宋末山水畫風的延續，李唐山水畫風影響的範圍仍侷限於關陝一地，無法有突破的發展。但是李唐畫風仍為此時山水畫發展的一支流，這是研究金畫（一一二七—一一二七）發展所不可忽略的史實。

二、南宋之評論：

光堯極喜其山水。（畫繼）

惟李、蕭二公變體一出，恍然超於古今，簡淡疾速，宜乎神品矣。（傳李澄叟・山水訣）

近世畫手絕無，南渡尚有趙千里、蕭照、李唐、李安忠、粟起、吳澤數手……（趙希鵠・洞天清祿集）

另有李唐之畫跋，與本章論旨無關，在此不錄。

如果我們要明瞭李唐在南宋山水畫史上的地位，南宋的畫史評論當是最可信的資料。如今南宋畫史對於李唐的評語僅如上述，則李唐在當時畫史中也只不過和蕭照、李廸、李安忠輩並列而已，而北宋諸大家，如李成、范寬、郭熙等不但畫名見於北宋諸畫史、品第亦均在衆家之上，而且以他們為師，承其風格者，在當代畫史中比比皆是。今以李唐在南宋畫史中的品評與之相比，實不能相提並論。而畫史所謂南宋四大畫家，及稱李唐為南宋四大家之首的說法都是明代才出現的，所以李唐在山水畫史上的地位及其所造成的影響力，都是值得我們重新探討的。

其實李唐一生中大部分創作生涯及作品均成於北宋，其傳世最可靠的作品「萬壑松風圖」亦作於北宋末，稱其爲北宋山水畫的最後大師實不爲過。至於李唐在南宋初期，雖爲高宗所賞識，復爲畫院中地位最高者，但實際創作生涯只不過三、四年（一一二七—一一三〇），傳世作品亦僅「江山小景圖」較爲可靠；他在當時的影響力固然不小，但這種影響屬於身份地位的尊重要高於風格的模擬，所以將南宋山水畫的創新變革歸功於李唐則並不妥當。

如果說南宋初小青綠山水畫風是李唐所開創的（水墨蒼勁派畫風和李唐無關已述於前章），毋寧說李唐山水畫受到當時已有的小青綠風格及地方山水之影響；而南宋初山水畫只是藉著他在畫院中之地位聲望將此種畫風做更普遍廣泛的開展，李唐不過是此種風格中名氣最大的。艾瑞慈教授在「李唐之山水畫」一文中，認爲李唐在南宋初獲得的地位和賞識，乃是中國人敬老尊賢觀念下產生的結果，實在是眞知灼見。若南宋初山水畫風眞爲李唐所創，則南宋畫史及詩文題跋中當不致忽略此事實，而今諸家所述李唐僅略爲提及或與其餘畫家並列，可證李唐在當時並非僅有之大家，他的地位、影響力當只限於某種程度才是。

三、元代之評語：

高宗雅重之，嘗題「長夏江寺卷」云「李唐可比唐李思訓」。（夏文彥・圖繪寶鑑）

若畫院諸入得名者，若李唐、周曾、馬賁，下至馬遠、夏珪、李廸、李安忠，樓觀、梁楷之徒，僕於李唐差加賞閱，其餘諸人，亦不能盡別也。（湯垕，畫鑑）然南渡以來，未有能及者，爲可寶也。（趙孟頫．跋長江雨霽圖，錄自鐵網珊瑚）李唐山水，大劈斧帶披麻頭各筆，南渡以來，推爲獨步，自成家數。及「馬遠師李唐，筆數整齊，……。」（饒自然，山水家法）

另有題畫詩、畫跋多條，在此不錄。

元代是文人寫意畫最盛行的時代，在這種觀念下的畫史，對於南宋院畫的評價均不高，且有不願置評的意味，所以南宋諸家見於記載的並不多，而唯獨於李唐似乎較爲推崇，不但「圖繪寶鑑」錄南宋畫家多人均師李唐，其餘凡有錄李唐者，也都將李唐列爲南渡以後第一大家。李唐在畫史上地位之確立實始於此時，而斧劈皴一詞與李唐並置亦始於此。

其實在元代，南宋山水畫根本不被重視，李唐所以能夠得名，實因其人物畫如「晉文公復國圖」、「伯夷叔齊采薇圖」等所含復國之思頗爲元際文人所仰重。同時李唐距元較久，畫蹟留傳較少，而馬夏等距元較近，畫蹟亦多，在「敬老尊賢」、「尙古」觀念影響下，李唐被奉爲爲南宋山水畫之宗師是極爲合理的。

四、明代之評論：

李晞古雖南宋院畫中人，體格不甚雅，而邱壑布置最佳。（唐寅・六如居士論畫山水）

如李唐、劉松年、馬遠、夏珪，此南渡以後四大家也。（屠隆・畫箋）

夏珪師李唐。（陳繼儒，妮古錄）

夏珪……，自李唐以下，無出其名。（朱謀垔・畫史會要）文人畫自王右丞始，……若馬夏及李唐、劉松年又是大李將軍派，非吾曹當學也。（董其昌・畫旨）

李唐……所製「長夏江寺卷」……，如馬遠「松泉圖」、夏珪「溪山無盡圖」名蹟，然皆不能及之，固宜前人稱許云。（張丑、淸河書畫舫）

大斧劈皴，李唐、馬遠、夏珪，……夏珪師李唐。（汪珂玉・珊瑚網）

南渡以後，李唐、劉松年、馬遠、夏珪四家，……。

李唐之聲名地位，尤其在山水畫方面，在明代可謂節節升高，達於極致。雖然當時有董其昌、莫是龍等表示不同的意見，然而彼等所批評的是院畫，對於李唐個人的成就並無微詞，所以明代畫史中之李唐，幾乎只有褒而無貶。從此以後，李唐聲譽日隆，畫史每以李、劉、馬、夏並稱南宋四大家，而以李唐居首，所以馬、夏之大斧劈山水師法於李唐之說也自此確立。

何以李唐在明代畫史中地位如此重要？這和浙派之興起大有關係。浙派大師戴進、吳偉等實是接近馬、夏山水的，但以馬、夏做爲浙派的先導似乎並不理想，而李唐生平事蹟富於傳奇，年代又較遠，遂隱然成爲浙派的宗祖。也就是在此一時期，李唐的僞作大量出現，而這些僞作出現的後果就是不實的、虛誇的讚詞、跋語相繼而生。例如〔寶繪錄〕即藉吳鎮、柯九思、文徵明等之名在李唐僞畫上題跋，對李唐的畫藝推崇備致，胡吹亂捧至極。如李唐師洪谷子（荆浩）等語均毫無根據。而這些僞作水準甚低，所以李唐雖於明代享有盛名，但明人對於李唐山水畫的風格是不甚了解的，而後清人或近人往往以這些僞跋來探討李唐的畫風，以致錯誤百出，對李唐之山水畫風的誤解也越來越深。

五、清及近代

唐子畏師李晞古而能擺脫院習……。（錢杜・松壺畫憶）

李唐畫法古厚中自有生氣欲動，……雖以江南第一風流才子爲之，尤有遺恨，況其下焉者乎！（郭礎畫法紀年）

清人對於李唐的評論，大多抄錄明人所述，或多爲題畫跋，沒有特別針對李唐的評斷，僅有「唐寅師李唐」屬於新的論述，然亦無研究價値。大抵而言，李唐在清代畫史中的地位因「四王」崇尙元文人畫而沒有受到更多的揄揚。到了民國以後，由於藝術史研究漸趨興盛，「萬壑松風圖」、「江山小景圖」、「高相院山水軸」等漸爲世人所知，李唐的地位、成就也就愈被肯定。

可以說李唐山水畫自明代以後即享譽於畫壇，久爲畫評家所重，其名望之高幾與李成、范寬相當，而遠超過趙大年、王詵等北宋名家。這對在北宋沒沒無聞的李唐而言，在漫長的八百多年中，却因時代思潮屢有變遷而其地位越爲顯著，但是李唐爲明清以降所稱頌的作品泰半不屬他的風格，這也是山水畫史上的一大諷刺。

第二節　李唐山水畫對中國山水畫之影響

李唐不但是北宋山水畫的最後大師，「萬壑松風圖」亦可說是注重質感和氣勢的巨碑式山水畫之最後一幅巨作。前節已述李唐在北宋時的畫風於金代雖有影響，但限於關陝一隅，而且也無大家出現。可以說，此後北宋巨碑式山水畫遂成爲絕學。雖然元、明以後仍有少數畫家冀圖重振北宋山水畫風，但並沒有夠水準的畫家出現，也沒有令人震撼的作品傳世，他們的成就和李唐相去太遠。究其原因，實因北宋晚期以後的畫家受李郭畫風末流之影響，已經缺乏北宋中期以前那種注重觀察自然的寫實精神，而逐漸走上寫意、臨摹的表現；而文人畫的興起更是巨碑派山水中絕的最大原因。

元以後之文人畫家多兼擅詩、文、書法，而這些亦逐漸成爲繪畫的一部分，不但在形式上佔據了畫面的部分空間，在精神上更使繪畫趨向「逸筆草草，不求形似」的寫意、寫趣表現，以致畫家皆缺乏嚴謹的描寫能力，自然無法與宋以前的大家相比。故李唐之後就無人能繼承此種風格，巨碑山水遂成絕響。

李唐山水畫在南宋初的影響，籠統一點來說，南宋初山水畫風感覺上似乎屬於「李唐畫系」，但是我們並不能在南宋畫史上見到時人對他特別的推崇；而此種畫風若由李唐所創，我們亦找不到李唐創出此種風格的淵源所自。因之，「李唐畫系」是不能成立的。至於南宋畫風復興於明代畫院，遂開浙派之風，但他們的風格實與李唐不同，而是馬、夏畫風。另外，在南宋時，因中、日貿易頻繁的影響，南宋名家的作品大量流到日本，深深地影響了日本的水墨畫，而成爲室町時代繪畫的主流。若從現存日本的中國名畫來說，盡屬馬遠、夏珪、梁楷、牧溪等南宋較晚期之畫家作品，雖亦有多幅名爲李唐的山水畫，但均不能至李唐。且室町時代主要畫家，如周文、雪丹等畫家的作品與馬、夏風格相近，和李唐是扯不是關係的。

關於李唐之斧劈皴，其實各種皴法之名稱乃元以後所定。就「萬壑松風圖」來說，一方面它不能以斧劈皴概稱，另一方面黃居寀「山鷓棘雀圖」、傳李成「寒林圖」等均有明顯的小斧劈皴，他們的時代並且早於李唐，可見此種皴法之運用在李唐之前已有，只不過「萬壑松風圖」之斧劈皴看起來較淸楚、顯眼。遂被元人稱作斧劈皴之創始者。

關於南宋之大斧劈皴，以「江山小景圖」或南宋初小册中，如閻次平，賈師古等人或「遠水揚帆」、「篷窗睡起」等册觀之，均無水墨大斧劈畫風。足證小青綠山水並不運用斧劈皴來作畫，如果連李唐都沒有大斧劈皴山水，更遑論其斧劈皴影響整個南宋山水畫發展一說。

像李唐這樣偉大的畫家，他的作品在南北宋山水畫中皆是第一流的，可是他的山水畫對當代及後世的影響卻是如此微乎其微。這實在是歷代畫史未能洞悉，也是筆者在研究之時難以想像的，但這卻是事實。當然，這並不影響李唐在山水畫史上的地位，他仍是山水畫史上少有的大師。

第五章　結　語

關於李唐山水畫的研究，在此僅就本文所採取的研究態度作一說明：

㈠・歷代關於李唐之著錄衆多，而筆者僅擇較重要的部份作爲研究時之參考依據，因爲本文並不企圖在歷代浩繁的著錄文字中做不切實際的空談。

㈡・對於李唐傳世之山水畫，筆者採取較謹慎的態度，如無確實的證據，即不能歸於李唐名下，本文是抱著「證實一張假畫，即是獲得一幅眞畫」的態度，並希望能將古人的作品還我以本來的面目。

㈢・對於李唐山水畫之部分風格和其影響，雖然本文採取懷疑的態度，但今天研究李唐的意義不在於肯定或否定他的藝術價值，而在把他放回屬於他的時代裡，看看他的轉變及所以成功或失敗的原因，以及歷代評論給予他不同評價的原因—透過對李唐繪畫風格的了解，然後我們才可以對畫史有比較眞實的認識。

本文在撰寫之初，期望是很高的，但所得究屬有限，這篇初步的研究、只是提出了一些個人的看法，不論正確與否，希望能對中國山水畫發展的研究有所貢獻。

參考文獻

一、中文書籍目錄

歷代名畫記　張彥遠　文史哲出版社（畫史叢書）
圖畫見聞誌　郭若虛　文史哲出版社（畫史叢書）
南宋院畫錄　厲鶚　文史哲出版社（畫史叢書）
圖繪寶鑑　夏文彥　文史哲出版社（畫史叢書）
宣和畫譜　撰人不詳　文史哲出版社（畫史叢書）
畫繼　鄧椿　文史哲出版社（畫史叢書）
書畫記　吳其貞　文史哲出版社
馬遠繪畫之研究　高輝陽　文史哲出版社
宋元明清畫家年表　撰人不詳　文史哲出版社
中國歷代書畫篆刻家字號索引　編者不詳　文史哲出版社

宋代繪畫藝術成就之探討　蔡秋來　文史哲出版社
畫史　米芾　藝文印書館（美術叢書）
畫箋　屠隆　藝文印書館（美術叢書）
書畫史　陳輝承　藝文印書館（美術叢書）
妮古錄　陳繼儒　藝文印書館（美術叢書）
林泉高致　郭熙　藝文印書館（美術叢書）
雲煙過眼錄　周密　藝文印書館（美術叢書）
珊瑚畫繼　汪珂玉　藝文印書館（美術叢書）
珊瑚網畫法　汪珂玉　藝文印書館（美術叢書）
畫山水訣　李澄叟　藝文印書館（美術叢書）
畫錄廣遺　張瀓　藝文印書館（美術叢書）
畫說　莫是龍　藝文印書館（美術叢書）
畫論　湯垕　藝文印書館（美術叢書）
畫品　李薦　藝文印書館（美術叢書）
南宋院畫錄補遺　厲鶚　藝文印書館（美術叢書）

宋史　脫脫　藝文印書館（廿五史）
中國名畫研究　李霖燦　藝文印書館
山水純全集　韓拙　華正書局（中國畫論類編）
綜合十二忌　饒自然　華正書局（中國畫論類編）
畫旨　董其昌　華正書局（中國畫論類編）
論畫山水　盛大仁　華正書局（中國畫論類編）
談藝錄　伍蠡甫　商務印書館
中國美術史　大村西崖著陳彬龢譯　商務印書館
故宮博物院名畫之欣賞　鮑少游　商務印書館
鉩印通釋　那志良　商務印書館
夢溪筆談　沈括　商務印書館
中國繪畫史上下　俞劍方　商務印書館
中國畫史研究論集　李霖燦　商務印書館
中國美術史　馮振凱　藝術圖書公司
中國古代山水畫史的研究　傅抱石　藝術圖書公司

中國古畫與生活　宋宇　藝術圖書公司
中國宋元繪畫　何恭上　藝術圖書公司
故宮書畫錄　國立故宮博物院
秘殿珠林石渠寶笈　國立故宮博物院
山水畫皴法苔點之研究　李霖燦　國立故宮博物院
雙谿讀畫隨筆　江兆申　國立故宮博物院
古代畫人談略　陳葆眞　國立故宮博物院
書畫書錄解題上下　余紹宋　中華書局
畫法要錄　余紹宋　中華書局
歷代著錄畫目上下　福開森　中華書局
中國畫史全集　鄭昶　中華書局
中國畫史研究　莊申　正中書局
中國畫史研究續集　莊申　正中書局
佩文齋書畫譜　清聖祖敕撰　新興書局
中國美術年表　傅抱石　中華藝林文物出版有限公司

中國名畫家叢書　撰人不詳　中國美術出版社
中國繪畫史導論　高準　新亞出版社
中國藝術精神　徐復觀　學生書局
無山水畫　伯精等　學生書局
中華藝術史綱上中下　譚旦同主編　光復書局
中國藝術史論　譚旦同（講義）
中國畫家人名大辭典　孫黯　東方書局
中國繪畫理論　傅抱石
中國畫史評傳　呂佛庭　中國文化研究所
中國美術史論集　虞君質等　中國文化出版委員會
中國名畫家叢書　近人撰集　中國美術出版社
中華藝術叢論藝術類㈠沈尹默　文馨出版社
蘇東坡全集　蘇軾　世界書局
美術論集　中華學術院　華岡出版社
李成　李明明　雄獅圖書公司

國畫山水解析 傅抱石 天同出版社
唐宋畫家人名辭典 齊師白 新文豐出版社
藝術概論 虞君質 黎明文化事業公司
藝林叢考 翁同文 聯經出版事業公司
兩宋畫院之研究 蔡秋來 嘉新水泥公司文化基金會
文藝心理學 朱光潛 開明書局

二、中文論文目錄

山水畫中點景人物的斷代研究 李霖燦 故宮季刊十三卷二期
故宮博物院的名畫寶藏 李霖燦 故宮季刊十三卷四期
十三世紀的三幅無名款山水故實畫上下 姜一涵 故宮季刊十三卷四期、十四卷一期
談故宮三張宋畫 江兆申 故宮季刊十一卷四期
女藏家皇姐大長公主—元代皇室書畫收藏史略(一) 傅申 故宮季刊十三卷一期
理學與藝術 錢穆 故宮季刊七卷四期

中國古畫討論會記實　胡賽蘭　故宮季刊五卷二期
山水畫結構之分析　方蘭著、羅列充譯　故宮季刊四卷一期
巨然存世畫蹟之比較研究　傅申　故宮季刊二卷二期
宋代文人之書畫評鑑　傅申　文化大學藝術研究所碩士論文
唐宋山水繪畫研究　陳英德　文化大學藝術研究所碩士論文
故宮九張宋畫之新發現　蘇瑞屏　文化大學藝術研究所論文
米氏雲山之研究　梁台生　文化大學藝術研究所碩士論文
宋畫水泉表現之研究　詹前裕　文化大學藝術研究所碩士論文
南宋馬遠山水畫　葉思芬　台大歷史研究所碩士論文
夏珪溪山清遠卷的筆法和章法　譚旦同　東吳大學中國藝術史集刊四卷
北宋繪畫思想初論　吳因明　新亞書院學術年刊三期
兩宋繪畫的探討　余城　中華文化復興月刊五卷九、十期
俯瞰推遠法　黃永川　中華文化復興月刊三卷八期
中古繪畫之概觀　袁德星　中華文化復興月刊五卷六期
論國畫風格的演變　尙達齊　大陸雜誌十三卷六、七期

金與南宋文人對中國繪畫之貢獻　蘇珊布施著、姜一涵譯大陸雜誌五四卷二期
談談國畫中的中鋒　漢寶德　聯合報
米芾其人及其書法　高輝陽　中國文化學院六十年六月
宋徽宗的書畫造詣　高仁俊　文星雜誌中國古藝術品赴美展覽專刊
赴美展覽名畫之甄選及其意義　莊尙嚴　文星雜誌社　中國古藝術品赴美展覽專刊（五十年四月二版）
宋代美術　黃君翁　中華文化出版委員會四十四十一月
李唐采薇圖卷　作者不詳　中國畫創刊號（一九五七）
李唐江山小景圖卷　陳士文　新亞生活（一九六〇年三月）
大斧劈的創始者李唐　方廷豪暢流雜誌（六十六年十一月）
從采薇圖看李唐的藝術成就　張安治　文物第七卷
李唐—一代畫師　作者不詳　藝文叢集（藝文印書館出版）

三・外文書籍論文目錄

宋元的繪畫　米澤嘉甫、島田修二郎編（平凡社）
李唐、馬遠、夏珪　鈴木敬　講談社
原色日本的美術　株式會社小學館
海外所在中國繪畫目錄　鈴木敬　東京大學文化研究所
Chinene Painting Onvald Siren，Percy Lund Humphries and Co，London
The Landscake Art of Li Tang Edwamds Richard ACASA，XII 1958
Standards of Quality in Northern Sung Paintdng ACAS XI 1957

圖

版

圖版 1　郭熙「早春圖」

圖版 2　許道寧「高頭漁父圖」

圖版3　范寬「谿山行旅圖」

圖版 4　燕文貴「江山樓觀圖」

圖版5　傳宋徽宗「谿山秋色圖」

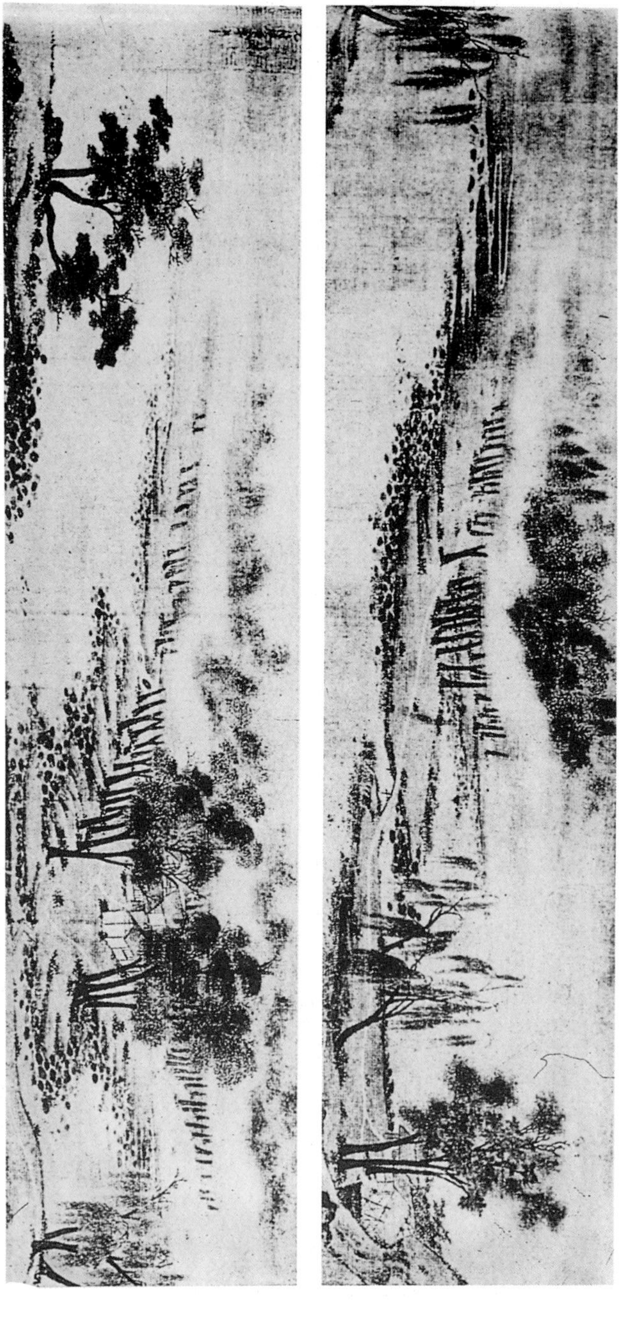

圖版 6　趙大年「江鄉清夏圖」

圖版 7　李唐「萬壑松風圖」

圖版8　傳李成「晴巒蕭寺圖」

圖版9　巨然「秋山門道圖」

圖版10　李唐「江山小景圖」

圖版10　李唐「江山小景圖」

圖版11　李唐高桐院山水軸

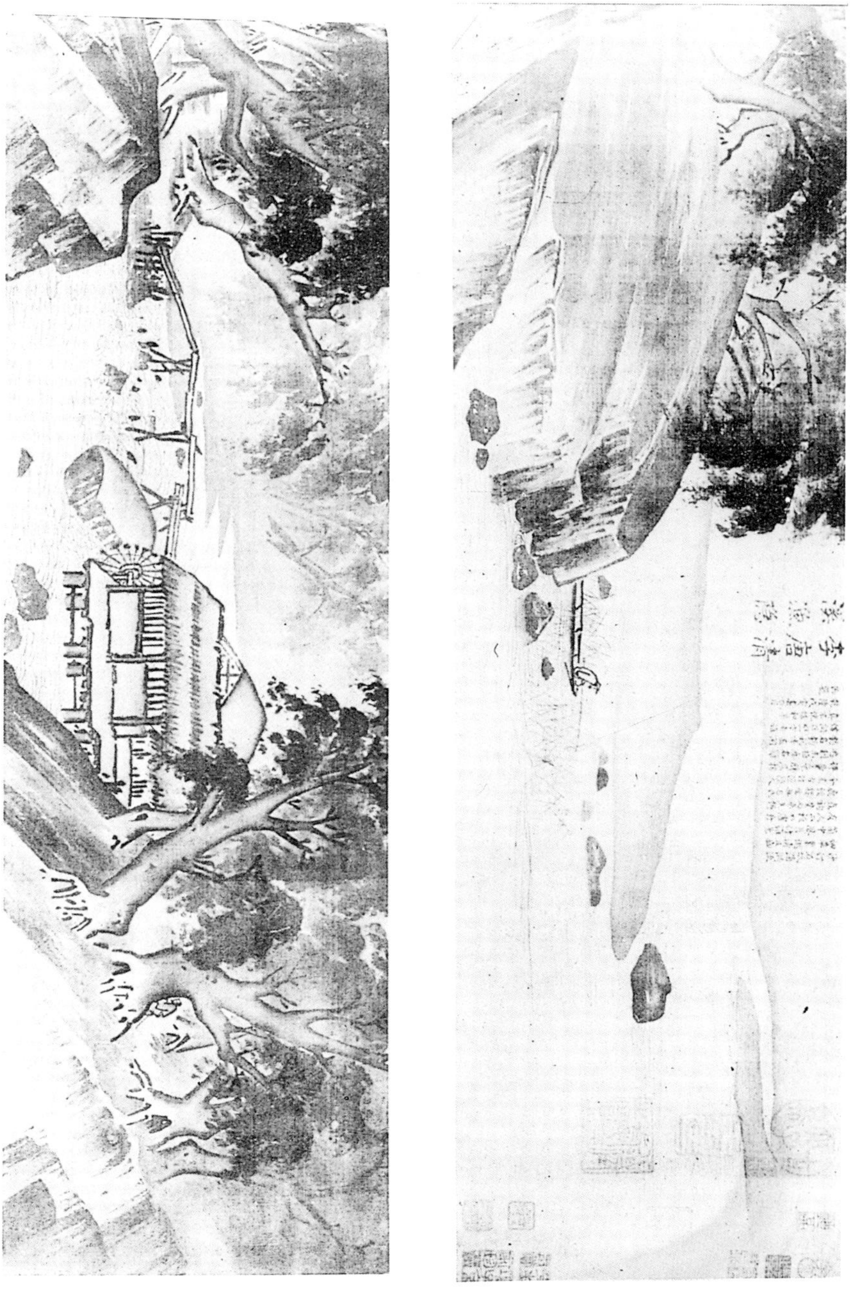

圖版12　傳李唐清溪漁隱圖

圖版13　傳范寬秋林飛瀑圖

圖版14　坐石看雲册

圖版15　奇峯萬木册

圖版 16　仙巖採藥圖

圖版 17　大江浮玉圖

圖版18　梅齋罨翠

圖版 19　荷閣浮香

圖版20　巖樹蒸霞

圖版21　江舟釣雪

圖版22　煙嵐蕭寺軸

圖版23 畫雪景軸

圖版24　雪江圖

圖版25　竹閣延賓頁

圖版26　關山行旅圖

圖版27　策杖探梅册